Die Wasserburgen-Route

Radeln in der Rheinischen Bucht

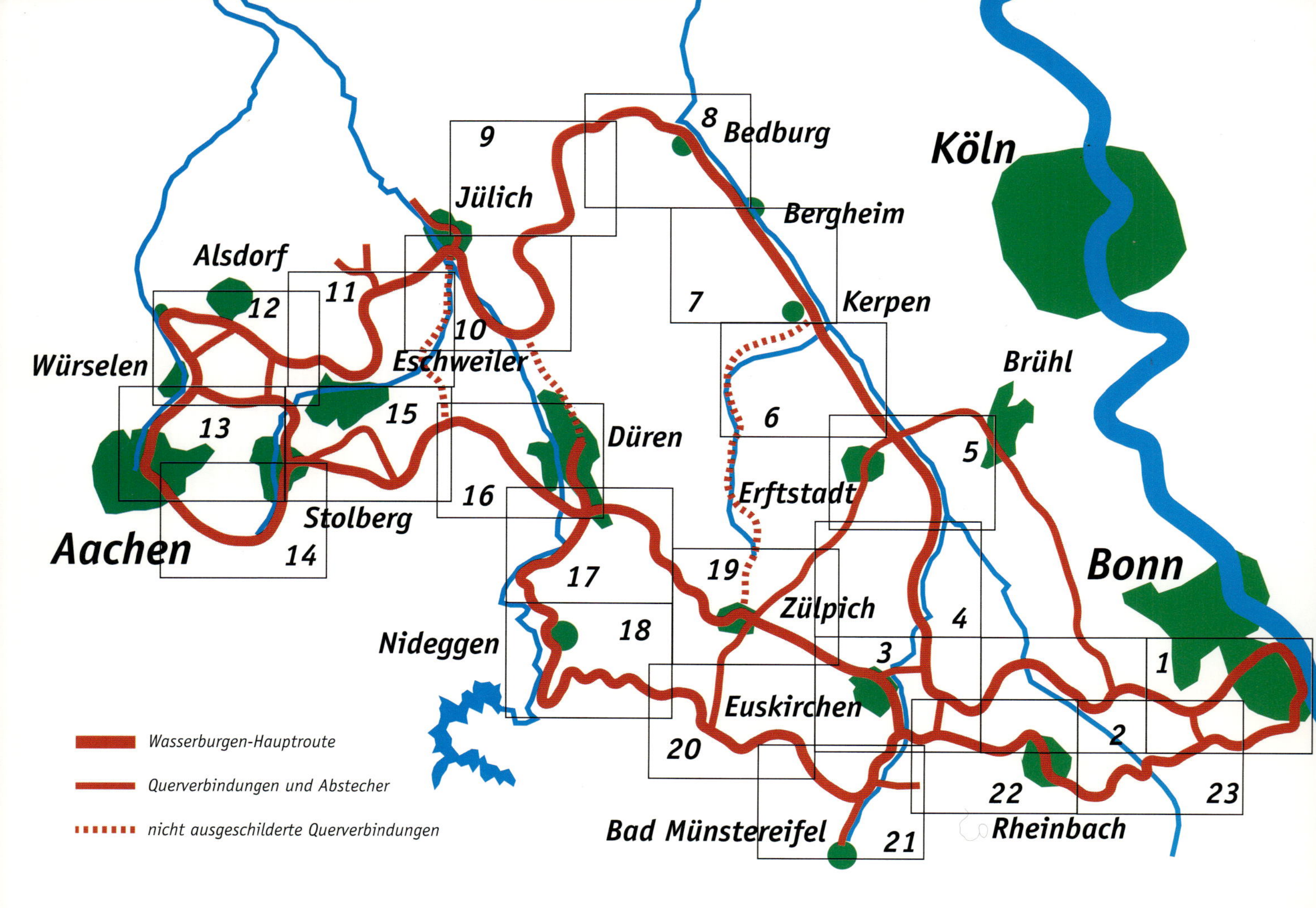

Köln
Bonn
Bedburg
8
9
Jülich
Bergheim
Kerpen
7
Alsdorf
12
11
10
Brühl
Würselen
Eschweiler
6
13
15
Düren
5
Stolberg
16
Erftstadt
Aachen
14
17
Zülpich
4
19
Nideggen
18
Euskirchen
3
1
20
2
Bad Münstereifel
21
22
Rheinbach
23
Wasserburgen-Hauptroute
Querverbindungen und Abstecher
nicht ausgeschilderte Querverbindungen

Dirk Holterman

Die Wasserburgen-Route

Radeln in der Rheinischen Bucht

WIENAND.

Die Wasserburgen-Route

Tour 1: Rund um das Versailles des Rheinlandes

Es geht durch das Marienforster Tal hinauf bis nach Villip, einen kleinen Ort mit Wassermühle und einer der schönsten Wasserburgen des Rheinlandes, der Burg Gudenau. Die malerische Fahrt führt anschließend durch den Naturpark Kottenforst und das Swisttal: Lernen Sie auf diesem Weg neun bezaubernde Wasserburgen der Region kennen!

Tour 2: Die Märchenschlösser an der Erft

Auf 44 Kilometern sind nicht weniger als 25 Wasserburgen zu erleben – die meisten davon sind sogar in einem ausgezeichneten Zustand. Sie starten in Euskirchen und fahren entlang der Erft in die Ebene der Kölner Bucht bis nach Bergheim. Die vorgeschlagenen Alternativstrecken ermöglichen eine individuell zugeschnittene Tour mit persönlichen Schwerpunkten.

Tour 3: Wo einst Grafen und Herzöge regierten

Diese Radtour führt durch die Ebene von Bergheim bis Jülich. Besonders interessante und schöne Schlösser wie Bedburg und Paffendorf liegen am Weg. Auch die Besichtigung der Tagebaustätten Garzweiler-Süd und Hambach steht bei der Fahrt durch die vom Braunkohle-Tagebau geprägten Region auf dem Programm.

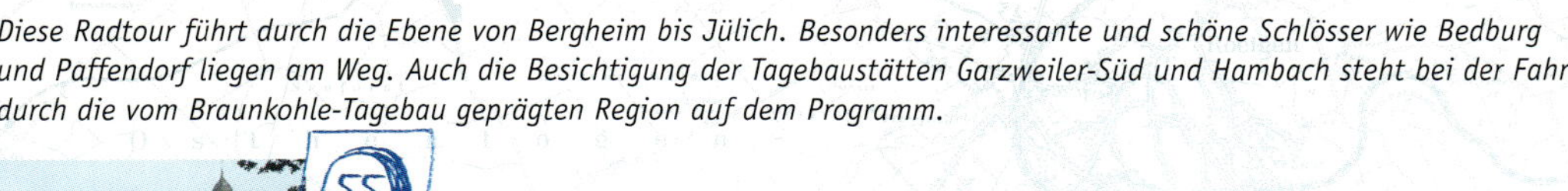

Tour 4: Bilder einer Landschaft zwischen Kultur und Industrie

Die Strecke von Jülich nach Aachen führt durch eine abwechslungsreiche Landschaft mit zahlreichen Wasserburgen. Noch einmal kommen Sie mit dem Kohleabbau in Kontakt: Eine Atempause wert sind der Braunkohle-Tagebau Inden und der stillgelegte Steinkohle-Bergbau im Kreis Aachen. Mit der Fahrt durch das wunderschöne Wurmtal klingt diese Etappe aus.

Tour 5: Hexen, Zwerge, Raubritter

Eine Fahrt mit ganz eigenem landschaftlichen Reiz: Die Höhen um Kornelimünster mit ihren heckenumfriedeten Feldern erinnern manchmal an englische Landschaften, und auch die waldreiche Gegend vor Düren fasziniert. Um die herrschaftlichen Gemäuer dieses Landstrichs rankt sich so manche Legende.

Tour 6: Streifzug durchs Burgen-Paradies am Eifelsaum

Die stolze 60 Kilometer lange Tour 6 lockt mit attraktiven Burgen und Freizeitangeboten. Darüber hinaus präsentiert sich Ihnen hier eine grandiose Landschaft, in der man mitunter überragende Fernsichten genießen kann. Ein Besichtigungs-Höhepunkt ist das Rheinische Freilichtmuseum Kommern.

Tour 7: Fürstliche Landsitze weltlicher und geistlicher Herren

Leicht zu fahren und fast ausschließlich eben ist diese Strecke. Am Fuß der Eifel entlang, geht es durch die Zülpicher Börde bis zur befestigten Stadt Zülpich. Je nach Lust, Zeit und Kondition können Sie sich Ihre Fahrt-Variante aussuchen – jeder Abstecher erschließt Ihnen die Wasserburgen-Fülle ein Stück mehr.

Tour 8: Auf den Spuren des Mittelalters

Auf dem Weg über die Hardtburg am Eifelrand entlang bis zur Glasstadt Rheinbach und dann weiter nach Bonn begegnen Ihnen beeindruckende Zeugnisse der Geschichte – auf Schritt und Tritt stoßen Sie auf mittelalterliche Burganlagen, die steinernen Zeugen einer bewegten Vergangenheit.

Der gute Rat – fahr' Rad!

Wer mit dem Rad fährt, hat mehr vom Leben – diesen Satz haben Sie sicher schon oft gehört. Er stimmt auch, denn Radfahren macht Spaß und ist eine gesundheitsfördernde und naturnahe Form der Freizeitbeschäftigung, die immer beliebter wird. Radfahren ist weniger anstrengend als Wandern, weniger kostspielig als Autofahren und weniger mühsam als Reiten.

Weit mehr als 60 Millionen Fahrräder sind in Deutschland im Verkehr; jeder fünfte Bundesbürger fährt im Urlaub regelmäßig Rad. Um noch mehr Bürgerinnen und Bürger für das schöne Hobby Radfahren zu gewinnen, haben die Städte Aachen und Bonn sowie die Kreise Aachen, Düren, Erftkreis, Euskirchen und Rhein-Sieg mit dem Wasserburgen-Radwanderweg ein gemeinsames Projekt geschaffen. In einer der burgenreichsten Regionen Deutschlands können Sie auf dieser Route von Bad Godesberg bis Aachen – oder umgekehrt – auf insgesamt rund 350 Kilometern von Wasserburg zu Wasserburg radeln und dabei die Schönheiten der Landschaft zwischen Rhein und Maas kennenlernen.

Damit Sie nicht vom Wasserburgen-Radweg abkommen, begleitet Sie dieser ebenso praktische wie anschauliche Radwanderführer. Er verrät Ihnen genau wo's langgeht und zeigt Ihnen auf einen Blick alles Wissenswerte über die in acht Touren gegliederte Wasserburgen-Route auf.

Gemeinsam mit Frau Oberbürgermeisterin Bärbel Dieckmann (Bonn), Herrn Oberbürgermeister Dr. Jürgen Linden (Aachen) und den Herren Landräten Carl Meulenbergh MdL (Aachen), Manfred Lucas (Düren), Wolfgang Bell (Erftkreis) und Dr. Franz Möller (Rhein-Sieg) hoffe ich, daß der Wasserburgen-Radwanderweg den Anklang findet, den er verdient.

Wir wünschen Ihnen viel Spaß, wenn Sie Ihre Pedale auf Touren bringen.

Mein guter Rat – fahr' Rad!

Günter Rosenke, Landrat des Kreises Euskirchen

Eine Urlaubsregion direkt vor der Haustür

Die Vielzahl der unterschiedlichsten Wasserburgen und Schlösser in der Rheinischen Bucht verweist auf die abwechslungsreiche Geschichte dieser Region. Keine Burg gleicht der anderen, und doch haben sie viele Gemeinsamkeiten. Seien Sie willkommen zwischen Bonn, Köln und Aachen! Erkunden Sie per Rad eine reizvolle, landwirtschaftlich wie industriell geprägte Landschaft, die schon lange vor den Römern besiedelt war. Werden Sie Zeitzeuge einer langen, spannenden Regionengeschichte, die einst von der Kirche, von Kriegen und privaten Besitztümern geprägt, heute von der Landwirtschaft und dem Braunkohlen-Tagebau bestimmt ist und in Zukunft als hochmoderner Wirtschaftsraum geführt werden wird.

Die Wasserburgen-Route führt am Eifelrand entlang durch die wasserburgenreichste Gegend Europas. Nirgends sonst sind derart viele Baudenkmäler auf so engem Raum versammelt: Im Durchschnitt trifft man alle vier Kilometer auf eine Wasserburg. Viele der 120 Anlagen sind baulich in hervorragendem Zustand, doch – da es sich meist um Privatbesitz handelt – selten zu besichtigen. Besucher dürfen aber fast ausnahmslos bis an die Mauern heran und erhalten so einen guten Überblick über die jeweilige Anlage. Allgemein haben wir eine dringende Bitte: Respektieren Sie die Privatsphäre der Burgenbesitzer und halten Sie sich an die entsprechenden Hinweisschilder!

Die 350 Kilometer lange Radstrecke im Überblick:
Von Bonn-Bad Godesberg geht es hinauf ins Swisttal, dann entlang der Erft bis zum Braunkohle-Tagebau und vorbei an Jülich über Alsdorf bis nach Aachen. Von dort führt die Fahrt über Stolberg nach Düren. Hier gabelt sich die Wasserburgen-Route: Eine gut 35 Kilometer lange, völlig ebene Strecke führt entlang der Zülpicher Börde nach Euskirchen. Wer es dagegen ein wenig anspruchsvoller mag und von Wasserburgen nicht genug bekommen kann, für den bietet sich die Fahrt durchs Rurtal und auf den Höhen immer entlang des Eifelrandes bis nach Euskirchen an. Von dort fährt man dann durchs Swisttal zurück an den Rhein. Die gesamte Radstrecke ist in acht Etappen aufgeteilt, nur die Eifel-Variante (Tour 6) ist länger als 50 Kilometer. Jede Tour beginnt bzw. endet in einem Ort mit Bahnanschluß. Sollte Ihnen unterwegs die Puste ausgehen: Der nächste Bahnhof ist nie weiter als zehn Kilometer entfernt – so können Sie sich für Tages- oder Wochenendtrips gezielt einen Abschnitt aussuchen. Natürlich zeigen wir Ihnen auch sinnvolle Abkürzungen und Querverbindungen auf, die sogar Rundfahrten innerhalb der einzelnen Kreise möglich machen.

An dieser Stelle sei darauf hingewiesen, daß mit Ausnahme der größeren Städte die Zahl der Übernachtungsmöglichkeiten bislang noch eingeschränkt ist (Die beteiligten Städte und Kreise bemühen sich mit einer neuen Bed & Breakfast-Kampagne, die Zahl der Frühstückspensionen entlang der Wasserburgen-Route zu erhöhen). Deshalb der Tip: Planen Sie Ihre Tour immer in Zusammenarbeit mit den entsprechenden Tourismus-Organisationen, die über die aktuellen Hotel-, Pensionen- und Gaststättenverzeichnisse verfügen. Die jeweiligen Adressen und Tips haben wir für Sie im Service-Teil zusammengestellt.

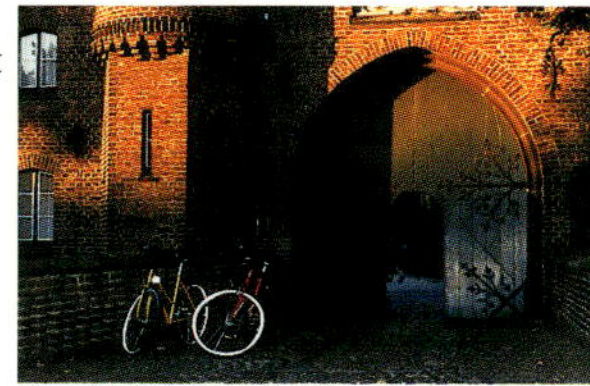

Mein Dank gilt all denen, die sich von der Idee einer Wasserburgen-Radtour haben überzeugen lassen und die sich auf besondere Weise persönlich engagiert und stark gemacht haben, damit die Region der Rheinischen Bucht zeigen kann, was sie ist: ein vielschichtiges und liebenswertes Urlaubsland – ein wenig rauh vielleicht, dafür aber um so herzlicher.

Dr. Dirk Holterman

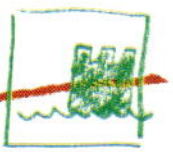

Die südwestliche Region des Landesteils Rheinland von NRW ist geprägt durch eine außergewöhnlich große Zahl ehemaliger Adelssitze, die meist als Wasserburgen errichtet wurden. Die fruchtbare Landschaft und die politische Entwicklung seit dem frühen Mittelalter hatte die burgenreichste Gegend Deutschlands, Europas und damit der Welt zur Folge.

Burg Langendorf

In der Blütezeit des fränkischen Königreichs war der Bau von Burgen Vorrecht des Königs; die Edelherren als die Elite für besondere Aufgaben und Gefahren waren die Vorläufer des hohen Adels und saßen auf unbefestigten Edelhöfen in den Dörfern. Die allmähliche Abgabe der Königsmacht in den rheinischen Stammlanden an die Aachener Pfalzgrafen und Gaugrafen ging einher mit dem Zeitalter der normannischen Raubzüge im 9. Jahrhundert, denen die unbefestigten Dörfer und Höfe schutzlos ausgeliefert waren.

Nach dieser Erfahrung begannen die Edelherren, neben ihren Dörfern (Kleinbüllesheim) oder auch kleineren Städten (Jülich) Erdhügel aufzuschütten, befestigt mit einem hölzernen Turm, einer umlaufenden Palisade und einem Wassergraben. Diese sogenannten „Motten" waren in ganz Europa gleichzeitig verbreitet. Dem Hügel legte man schon bald eine halbkreisförmige palisadenumwehrte Insel vor, die den landwirtschaftlichen Betrieb aufnahm, in Kriegszeiten auch oft die Dorfbevölkerung. Mit dem Ausbau zum ganzjährigen befestigten Wohnsitz war die autarke Adelsburg vollendet und die zweiteilige rheinische Wasserburg als Standardform des hiesigen Adelssitzes für die nächsten tausend Jahre geschaffen. Adel und Burg waren zur gegenseitigen Existenzbedingung geworden. Reste dieser Frühformen finden sich noch bei Jülich, Düren, Vernich und Lechenich.

Seit dem 10. Jahrhundert wurde das von den Königen und ihren Vertretern, den Pfalzgrafen, hinterlassene Machtvakuum von den erfolgreichsten Edelherrenfamilien ausgefüllt, die ihre Burgen als Basis ihrer Herrschaft soweit möglich als Höhenburgen auf uneinnehmbaren Bergen neu gründeten (Tomburg, Zülpich, Maubach, Nideggen, Heimbach, Münstereifel, Godesberg). Seit dem 12. Jahrhundert tritt neben die Edelherrenfamilien, aus denen der Hochadel und damit alle rheinischen Landesfürsten erwuchsen, die neue Klasse der Niederadeligen oder Ministerialen. Ursprünglich Waffenknechte im Dienste der Edelherren, übernahmen sie bald verantwortlichere Aufgaben und wurden zur loyalen Trägerschicht der Machtinhaber. Sie bildeten die Hauptmasse der Ritterschaft und wurden schließlich durch Erbfähigkeit ihres Status adelsgleich. Sie konnten Lehen empfangen und Recht sprechen. Während die Edelherren des 13. und 14. Jahrhunderts in Territorialkriegen versuchten, ihre Herrschaft über die Menschen zu einer Herrschaft über fest umrissene Territorien auszubauen, entstand quasi unbeaufsichtigt der größte Teil der rheinischen Wasserburgen, gebaut durch die Ministerialen nach dem Vorbild der Edelherrenburgen, aber standesgemäß deutlich unterhalb von deren Niveau und Größe. Anfangs wurden sie noch als Motten gegründet, von denen nur noch wenige ohne spätere Überbauung erhalten sind (Türnich, Adendorf), seit dem 14. Jahrhundert dann durchgängig als feste Steinburgen auf ebener Erde mit weitläufigen Grabensystemen, Mauern, Toren und Türmen und selbstverständlich immer mit Haupt- und Vorburg. Ende des 14. Jahrhunderts hatte der Ministerialadel aufgrund seiner Burgen eine derartige strategische Position erlangt, daß die nunmehr fest etablierten Landesherren sich auf eine meist gütliche Einigung zu verlegen suchten, um die Burgen und ihre Eigentümer in die Verwaltung und Verteidigung der neuen Länder zu integrieren.

Dazu mußten die Ritter ihre Burgen dem Landesherren übereignen und erhielten sie als Lehen, d.h. erbliche Dauerleihgaben, und Offenhaus zurück.

Das verpflichtete beide Parteien zu gegenseitiger Treue und hielt die Burgen offen für eine Besetzung durch den Landesherren im Kriegsfalle. Im Gegenzug erhielten die Ritter eine finanzielle Entschädigung, das Privileg der Steuerfreiheit und das an die Burg gebundene Recht der Landtagsfähigkeit, d.h. Sitz und Stimme auf den rheinischen Landtagen.

Ausgehend von der türmebewehrten Burg des hohen Mittelalters, deren Festigkeit Vorrang vor Bequemlichkeit hatte, entwickelten sich die Rittersitze zum symbolbeladenen multifunktionalen Adelssitz, Zentrum von staatlicher Repräsentation, von Wehrhaftigkeit, Wirtschaftsmacht, Kunst und Kultur. Auf die malerische gotische Burg, wie sie noch in den Rittersitzen Langendorf, Konradsheim, Veynau, Satzvey und Zievel oder in den Landesburgen Lechenich, Zülpich (in der reinen Form des hochgotischen Kastells), Münstereifel und Bedburg zu erleben ist, folgten im 16. Jahrhundert die eher wohnlichen befestigten Häuser Burgau, Gudenau, Kessenich, Frens, Paffendorf, Bergerhausen, Merode und die eindrucksvollen fürstlichen Schlösser Jülich und Hambach, die beide gleichwohl schwer befestigt waren.

Das 17. und 18. Jahrhundert bringt das Ende der Burg als eines strategischen Machtmittels und den Ausbau vieler Häuser zum offenen schloßartigen Landsitz. Dennoch bleibt der Adelssitz wehrhaft zu Schutz und Schirm auch der Bevölkerung (Adendorf, Gudenau, Palandt, Heimerzheim, Burgau, Eicks, Ringsheim). Anfang des 18. Jahrhunderts hörten allmählich die Kriege auf, Wirtschaft und Gesellschaft erholten sich. Parallel zum Neubau fürstlicher Schlösser (Bonn, Poppelsdorf, Brühl) wurden die ländlichen Herrensitze laufend modernisiert; Müddersheim, Roesberg und Kleinbüllesheim als erste im eleganten französischen Stil. Die enge Beziehung ihrer Bauherren zum kurfürstlichen Hof wirkte sich sehr förderlich auf die Qualität der Bauten aus, die wie auch die nachfolgend erneuerten Schlösser in Gymnich und Türnich, Schlenderhan und Bollheim, Busch und Lüftelberg zu den barocken Kostbarkeiten des Landes (und Europas) zählen. Die Größe entspricht dem zugehörigen Landbesitz, kaum eines ist ohne die traditionelle Vorburg denkbar. Vorbild für alle war die moderne französische Maison de Plaisance, ganz nach den Gesichtspunkten Ästhetik, Bequemlichkeit und zweckmäßiger Raumaufteilung konzipiert. Höhepunkt im privaten rheinischen Schloßbau des 18. Jahrhunderts ist zweifellos das 1768-1771 erbaute, noch heute im authentischen Originalzustand erhaltene Schloß Miel.

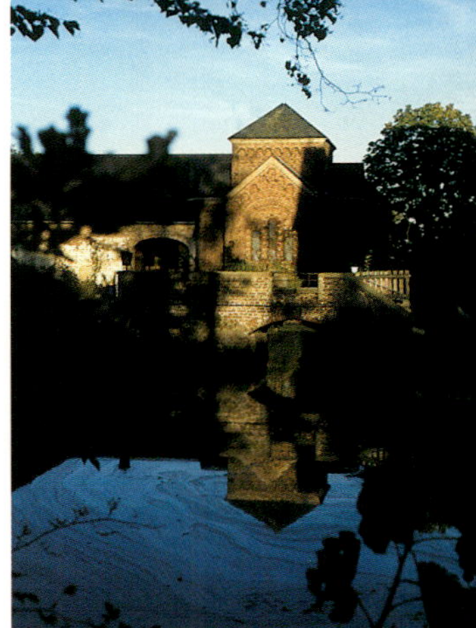

Peppenhoven

Mit dem Einmarsch der französischen Revolutionstruppen ins Rheinland im Jahr 1794 endete jedes Privileg des Adels und damit die staatsrechtliche Bedeutung seiner Burgen. Erst nach dem Übergang der Rheinlande an das Königreich Preußen 1815 gewann der Adel einige seiner gesellschaftlichen Vorrechte zurück, seine Burgen aber wurden kostspieliges Privatvergnügen mit einer bis heute unübertroffenen Reputation. Die bedeutendsten Adelsfamilien bauten dennoch traditionsbewußt ihre alten Stammsitze weiter aus, nun aber als Denkmäler einer glorreichen Vergangenheit (Gracht, Hemmersbach, Frens, Schlenderhan, Türnich, Paffendorf, Merode, Satzvey, Wachendorf, Bergerhausen, Flamersheim, Kriegshoven). Diese weitgehend ignorierte letzte Bauphase der rheinischen Burgen und Schlösser ist als künstlerisch vollendete, letzte Abrundung einer tausendjährigen Entwicklung noch in bemerkenswerten Beispielen präsent und demonstriert den würdevollen Rückzug eines historischen Phänomens, das wir als eine Grundlage unseres Staates und unserer Gesellschaft ansehen müssen, aber, wie die Realität zeigt, nicht immer achtungsvoll behandeln.

Dr. Harald Herzog, Rheinisches Amt für Denkmalpflege

Die imposante Anlage der Burg Lüftelberg

Tour 1: Rund um das Versailles des Rheinlandes

Wegverlauf: *Bonn-Bad Godesberg – Gemeinde Wachtberg – Stadt Meckenheim – Stadt Rheinbach – Gemeinde Swisttal – Euskirchen – Kuchenheim* · **Länge:** *ca. 37 km* · **Highlights:** *Broich-Mülle, Bahnhof Kottenforst, Burg Miel, Kuchenheimer Tuchfabrik*

Panoramablick von der Bonner Godesburg aus, einem beliebten Ausflugsziel für Radler und Spaziergänger

Auf der ersten Etappe geht es durch das Marienforster Tal hinauf bis nach Villip, einen kleinen Ort mit Wassermühle und einer der schönsten Wasserburgen im Rheinland, der Burg Gudenau. Insgesamt müssen auf einer Länge von 8 Kilometern gut 100 Höhenmeter zurückgelegt werden – zum Glück verteilen sie sich recht gleichmäßig. Die beiden mäßigen Steigungen zwischen 600 und 800 Metern Länge sind schnell vergessen, wenn man die Höhe des Kottenforstes in Villip-Rott erreicht hat. Nach einer Fahrt durch den Wald warten entlang der Swist neun schöne Wasserburgen auf – fünf von ihnen sind noch vollständig erhalten!

Der Bahnhof von Bad Godesberg ist Ausgangs- und Endpunkt der gesamten Wasserburgen-Route. Wer es langsam angehen lassen möchte, der gönnt sich als Auftakt unserer regionalen Radtour eine Fahrt durch das **Bad Godesberger Villenviertel**, das auf der anderen Seite der Bahnstrecke liegt (dazu fahren Sie rechts vom Bahnhof durch die Unterführung). Hier sind die sehenswerten Häuser aus der Gründerzeit weitestgehend erhalten geblieben.

Der Grund: Bad Godesberg blieb, anders als das benachbarte Bonn, während des Zweiten Weltkriegs von Bomben verschont, weil die Stadt sich 1944 den anrückenden Amerikanern ohne Gegenwehr ergab.

Der erste Abschnitt der Wasserburgen-Route beginnt gegenüber dem Bahnhofs-Haupteingang. Nach Überqueren der Straße an der Fußgängerampel fährt man rechts bis kurz vor die *Löbestraße*. Hier beginnt links ein für Radfahrer freigegebener breiter, baumgesäumter Fußgängerweg. Er führt in einem kurzen Bogen durch den Stadtpark zurück zur *Löbestraße*, der man dann bis zur Straßenkreuzung folgt. Den links neben der *Koblenzer Straße* verlaufenden Radweg verläßt man keine 100 Meter weiter: Biegen Sie rechts in die Sackgasse in Richtung Kleines Theater.

Dieser Weg führt geradeaus über eine Brücke. Am Ende hält man sich zweimal rechts und einmal links.

Man erreicht so die **Redoute**, ein kleines Schlößchen aus der Zeit des letzten rheinischen Kurfürsten Max Ernst. In den vergangenen fünf Jahrzehnten fand hier alljährlich der Neujahrsempfang des Bundespräsidenten statt. Gleich daneben im Gasthaus Redüttchen ist Platz fürs gemeine Volk: Der beliebte Biergarten hat im Sommer täglich bis 1 Uhr morgens geöffnet. Hinter Redoute und Redüttchen zweigt der Radweg links ab in die *Brunnenallee*. Von dieser Kreuzung aus hat man bereits einen ausgezeichneten Blick auf das nächste historische Gemäuer.

Der letzte rheinische Kurfürst Max Ernst wollte um 1790 **Godesberg** *mit seiner Mineralquelle zum Kur- und Heilbad ausbauen, als Konkurrenz zu Baden-Baden, Karlsbad und dem belgischen Spa. Der Plan scheiterte vier Jahre später mit der Besetzung des Rheinlandes durch die Franzosen. Seit 1949 bildete die* **Redoute** *häufig die Kulisse für feierliche Staatsempfänge und den alljährlichen Neujahrsempfang des Bundespräsidenten.*

Blick auf das Siebengebirge
mit Petersberg

Das Panorama vom Burgrestaurant der Godesburg aus über Bonn, den Rhein, die Köln-Bonner Bucht und das Siebengebirge entschädigt bei schönem Wetter für den kurzen, steilen Aufstieg.

Die **Godesburg** ist eine der nördlichsten Burganlagen des Rheinlandes. Sie wurde als strategischer Stützpunkt im Jahre 1210 im Auftrag von Erzbischof Dietrich von Hengebach erbaut und diente über drei Jahrhunderte als kurkölsche Wohn- und Wehrburg, die den südlichen Landesteil schützen sollte. Ende des 16. Jahrhunderts verliebte sich der amtierende Kurfürst Gebhard Truchseß von Waldburg in die Nonne Agnes von Mansfeld. Um im Amt und an der Macht zu bleiben, konvertierte er zum lutherischen Glauben. Das brachte den Kaiser, den Papst und die katholischen Bayern auf den Plan, mußten sie doch eine steigende Zahl protestantisch regierter Fürstentümer fürchten. Gleich zu Beginn des so ausgelösten Truchseßschen Krieges (1583) wurde der Kurfürst aus seinem Amt gejagt und nicht nur die Godesburg, sondern auch zahlreiche andere Schlösser und Wasserburgen im Rheinland mit Schwarzpulver in die Luft gesprengt.

Nach 200 Metern erreicht man linker Hand den **Draitsch-Brunnen** – die gefaßte Quelle des Godesberger Mineralwassers. Für 30 Pfennig pro Liter kann man nachmittags im Pavillon eine Kostprobe nehmen.

Kurz hinter dem Brunnen zweigt links die Sackgasse *Am Draitschbusch* ab. Rechts vor der Marienforster Kirche beginnt die *Marienforster Promenade*, ein baumgesäumter Schotterweg, der ins Marienforster Tal führt. Die Kirche wurde übrigens auf dem Grund eines ehemaligen Mühlenteiches errichtet. Die dazugehörige Wassermühle, von der noch das Fundament zu sehen ist, stand bis in die sechziger Jahre am Bachufer.

Der Radweg führt nun weiter an einem Minigolf-Platz vorbei bis zum Gut Marienforst und endet dann unvermittelt an der stark befahrenen Landstraße *L 158*. Hier ist höchste Vorsicht geboten, denn es sind etwa 50 Meter auf sehr schmalem und unbefestigtem Randstreifen zurückzulegen!

Das **Gut Marienforst,** heute ein landwirtschaftlicher Betrieb, stammt aus dem frühen 13. Jahrhundert und war ursprünglich das Birgittenkloster »St. Maria in foresto«. Das später hinzugebaute Herrenhaus ist heute Sitz der indischen Botschaft.

Es folgt eine kleine Brücke, die Sie überqueren. Nach ca. 50 Metern geht es anschließend rechts – gegenüber einem alten Gesindehaus – auf dem asphaltierten Feldweg weiter. Dieser steigt zwar nach ein paar hundert Metern an, doch der dann hinter der ersten Hecke rechts verlaufende Schotterweg verläuft völlig eben. Schließlich darf man sich auf dem folgenden, ins Tal hinabführenden Asphaltweg ein bißchen den Wind um die Nase wehen lassen!

Unten angekommen, sieht man linker Hand die ehemalige **Wattendorfer Mühle**, in der sich heute ein Fisch- und Naturhof mit Forellen- und Geflügelzucht befindet.

Um jetzt weiter nach Villip zu kommen, überquert man zunächst die *L 158* (Auch hier ist wieder Vorsicht geboten!). Auf der gegenüberliegenden Straßenseite führt nun ein offizieller Radweg bachaufwärts in die nächste Ortschaft. Auf der Fahrt dahin sehen Sie Pferde, Esel, vielleicht auch Ziegen und Schafe – die Tiere gehören allesamt zum **Pony-Hotel Wiesenau**.

Der Name **Pony-Hotel Wiesenau** stammt aus dem Jahre 1958, als die ersten Island-Ponys nach Deutschland kamen und hier auf den Wiesen weideten. Später kam eine Reitschule mit Reithalle und Pferdepension hinzu. Umgeben von einem kleinen Tierpark, betreibt das Pony-Hotel ein fahrradfreundliches Gasthaus mit schattigem Biergarten und eigenem Grillhaus. Das Hotel bietet 52 Betten zu Preisen ab 50,- DM.

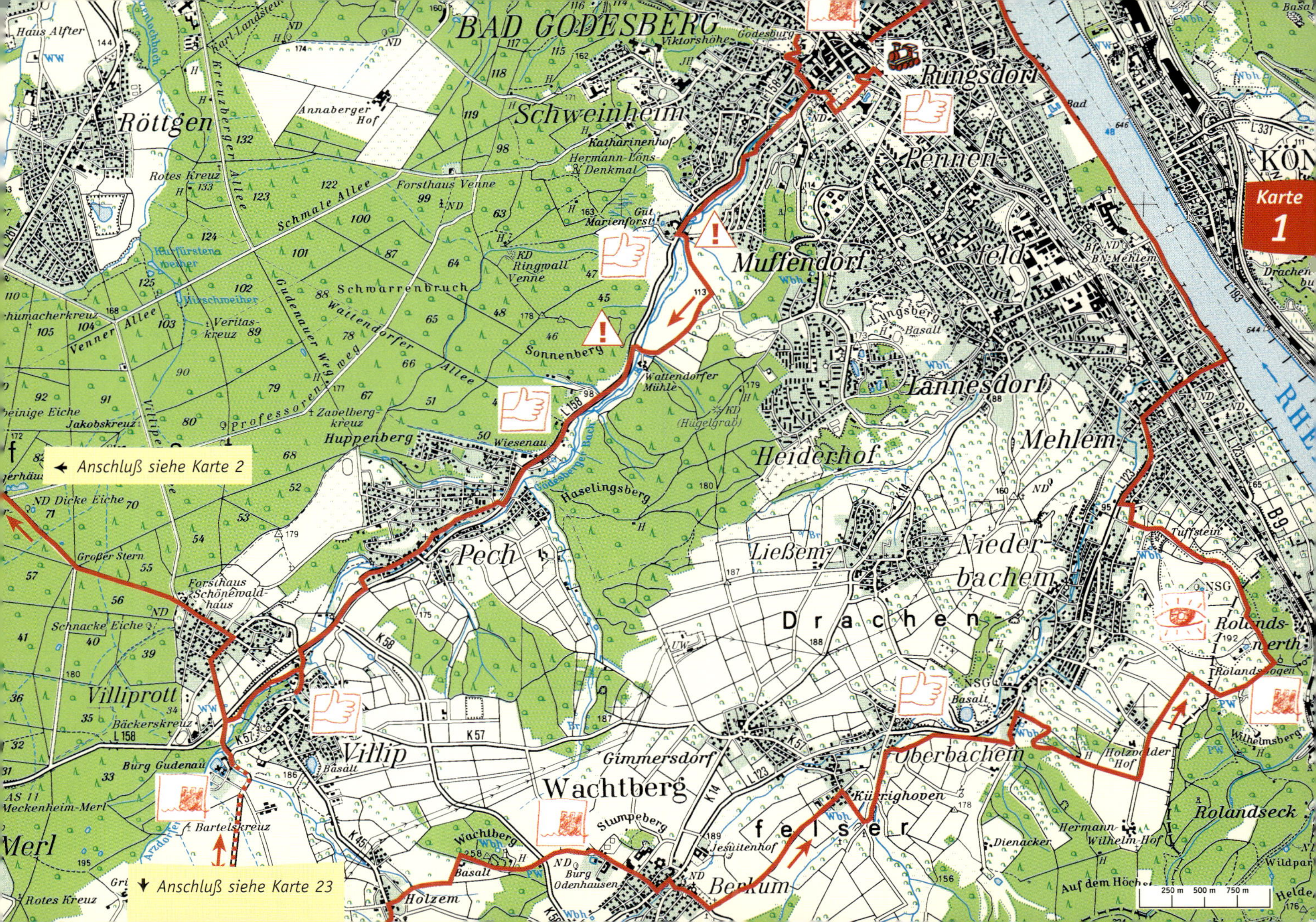

BAD GODESBERG
Godesburg
Viktorshöhe
Rüngsdorf
Schweinheim
Katharinenhof
Hermann-Löns-Denkmal
Gut Marienforst
Pennen-feld
Muffendorf
KD Ringwall Venne
Forsthaus Venne
Schmale Allee
Röttgen
Annaberger Hof
Karl-Landsteiner Allee
Kreuzbergerallee
Haus Alter
Rotes Kreuz
Schumacherkreuz
Venner Allee
Hirschweiher
Kurfürstenweiher
Schwarrenbruch
Wattendorfer Allee
Gudenauer Weg
Veritaskreuz
Jakobskreuz
einige Eiche
Professoren Allee
Zavelbergkreuz
Huppenberg
Wiesenau
Sonnenberg
Wattendorfer Mühle
Haselingsberg
KD (Hügelgrab)
Lüngsberg Basalt
Lannesdorf
Mehlem
Heiderhof
Ließem
Nieder-bachem
Drachen
Pech
Großer Stern
Forsthaus Schönewaldhaus
Schnacke Eiche
ND Dicke Eiche
Villiprott
Bäckerskreuz
Burg Gudenau
Villip
Wachtberg
Gimmersdorf
Oberbachem
Kürrighoven
Stumpeberg
Jesuitenhof
Berkum
Holzem
Burg Odenhausen
Bartelskreuz
Arzdorf
AS 11 Meckenheim-Merl
Merl
Rotes Kreuz
felser
Rolandswerth
Rolandsbogen
Wilhelmsberg
NSG Basalt
Holzweiler Hof
Rolandseck
Hermann-Wilhelm-Hof
Dienacker
Auf dem Höch
Wildpar
Tuffstein
KÖN
Drachenbu
RHEIN
Karte 1
← Anschluß siehe Karte 2
↓ Anschluß siehe Karte 23
250 m   500 m   750 m

Das herrschaftliche Wasserschloß Gudenau – einstiger Stammsitz der Herren vom Drachenfels

In Pech, dem Wohnort des ehemaligen Bundesaußenministers Hans-Dietrich Genscher, endet der Radweg. An der Ampel geht es halb rechts auf der *Pecher Hauptstraße* weiter, bis diese wieder nach etwa zwei Kilometern auf die Landstraße trifft. Anschließend geht es noch einen Kilometer über den ausgebauten Radweg, dann beginnt **Villip**. Der Straße *Im Bruch* folgend, erreicht man nach etwa 300 Metern eine Brücke. Fährt man hier weiter geradeaus, zweigt nach weiteren 300 Metern rechts hinter einem Fachwerkhaus eine kleine Einfahrt ab: Sie führt zur einzigen noch aktiv mit Wasserkraft angetriebenen Kornmühle des Rheinlandes, in der noch kommerziell Getreide gemahlen wird.

Die in ursprünglichem Zustand erhaltene und liebevoll gepflegte **Broich-Mühle** mit angrenzendem Fachwerkhaus ist die einzige erhaltene Wassermühle am Godesbach. Der angrenzende Mühlenteich wird durch einen Graben gespeist, der in Höhe der Burg Gudenau abzweigt.

Zurück an der Brücke führt links, bzw. von Pech aus gesehen rechts die *Villiper Bachstraße* aus dem Ort hinaus. Dieser Weg ist teilweise mit Gras bewachsen, er endet nach leichtem Anstieg an einer Straßenkreuzung mit Ampel. Links geht es hinunter ins bewaldete Tal, wo rechts jenseits des Godesberger Bachs die attraktive Burg Gudenau liegt.

Burg Gudenau (170 m) ist ein herrschaftliches Wasserschloß mit schöner Parkanlage, dessen Ursprünge bis ins 12. Jahrhundert reichen. Das Anwesen war Stammsitz der Herren vom Drachenfels. Heute ist das Schloß in Privatbesitz und bewohnt. Möglich ist die Außenbesichtigung: Sollte das Eingangstor geschlossen sein, fahren Sie einfach links auf die Straße und biegen hinter der Kurve rechts in den Feldweg ein: Von hier aus hat man einen sehr guten Blick auf das imposante Schloß, die Teichanlage und den Park mit seinen prächtigen alten Bäumen.

Die am Hang gelegene Ortschaft, auch Drachenfelser Ländchen genannt, gehört zur Flächengemeinde Wachtberg. Der Name steht für das Land gegenüber dem Drachenfels. Als es den Herren vom Drachenfels auf der gleichnamigen Burg am Rhein zu ungemütlich geworden war, zogen sie um in die Villiper Burg Gudenau. Das einstige Villip gilt als Musterbeispiel einer selbständigen mittelalterlichen Ortschaft: Hier war die Burg sowohl herrschaftlicher Sitz als auch landwirtschaftlicher Betrieb und wichtigster Arbeitgeber für die Dorfbewohner. Mit ihren Wind- und Wassermühlen war Gudenau auch Energielieferant.

Weiter auf der Wasserburgen-Route: An der Ampel überquert man die Landstraße und fährt weiter geradeaus auf der *Burgstraße* hinauf nach Villip-Rott – leider gibt es hier keinen offiziellen Radweg. Doch mit diesen wenigen hundert Metern ist das anstrengendste Stück der gesamten Route auf dem Weg nach Aachen geschafft! Denn nun hat man keine nennenswerte Steigung mehr vor sich.

An der im Ort gelegenen Kreuzung mit Rondell und Brunnen biegt man links in die *Dorfstraße* ein, die Richtung Wald führt. Von hier aus geht es auf dem mittleren asphaltierten Weg geradewegs in das **Erholungsgebiet Kottenforst**. Zunächst kommen Sie an einigen sehr beliebten Biergärten und Gartencafés vorbei, dann folgt das **Schönewaldhaus**, ein romantisches Forsthaus. Auf dem fünf Kilometer langen geruhsamen Waldweg bis zum Bahnhof Kottenforst begegnet Ihnen ferner das **Jägerhäuschen.** In den Jahren 1750 bis 1760 war die einstige kurfürstliche ›Grillhütte‹ im Kottenforst mit Pferdetränke und Rastplatz Treffpunkt der Jagdgesellschaften. Anschließend passieren Sie die *Meckenheimer Allee* (*L 158*) und unterqueren die Autobahn. Am Waldrand des Königsmaares angekommen, trennen Sie links nur noch die Gleise vom Bahnhof Kottenforst.

Der **Bahnhof Kottenforst,** ein imposantes Fachwerkhaus, lockt mit seinem urigen Restaurant im Bahnhofsgaststättenstil der 50er Jahre und dem Garten-Café mit Kinderspielplatz zahlreiche Besucher an. Das beliebte Gebäude ist sogar als Modellbausatz für Eisenbahnfreunde im Handel erhältlich! Von der echten Station aus fahren nur noch am Wochenende Züge nach Bonn bzw. in Richtung Euskirchen. Wer Spaß daran hat, sollte sich eine Fahrt mit der Pferdekutsche durch den Kottenforst gönnen.

Nach einer kleinen Verschnaufpause geht es links auf der wenig befahrenen *Kottenforststraße* noch ein Stück durch den Wald. Dann führt der Weg durch die Felder zu einer Straßenkreuzung im Meckenheimer Ortsteil Lüftelberg.

Wer auf der Hauptroute bleibt, überquert die Kreuzung und fährt nach 100 Metern links in die *Petrusstraße*, die mit ihren schönen restaurierten Fachwerkhäusern ein regionales Schmuckstück ist. Mittendrin die **Lüfthildis-Wallfahrtskirche** : In dem romanischen Gotteshaus erinnert eine Grabplatte aus Sinterkalk an die heilige Lüfthildis. Jährlich finden im Ort Festspiele zu Ehren der Volksheiligen statt. Vor der Kirche biegt man rechts ab und fährt hinunter zur Burg Lüftelberg.

Lüftelberg (160 m) ist ein kleines Jagdschloß mit Park in Privatbesitz. Einige Räumlichkeiten können jedoch für Veranstaltungen gemietet werden, von Zeit zu Zeit finden hier auch Konzerte statt. Das sehenswerte Anwesen verfügt über eine eigene Imkerei. Unterhalb der Burg, an der *Schloßstraße*, liegt das restaurierte Fachwerkhaus der einstigen Wassermühle. Das Wasser zum Antreiben dieser Anlage wurde in Meckenheim von der Swist durch den vier Kilometer langen, heute noch bestehenden Mühlengraben in den Burgteich geleitet.

Verlassen Sie den Burghof: Die Wasserburgen-Route führt gleich links über die Felder nach Flerzheim. Vor dem Ortseingang muß allerdings ein Stück auf der Landstraße gefahren werden. Nach einigen hundert Metern taucht linker Hand ein Park auf.

Zwischen den Bäumen liegt die einstige Flerzheimer Burg, das **Haus Heisterbach**. Von der Pracht der ehemaligen Wasserburg ist durch die zahlreichen Umbauten der vergangenen Jahrhunderte leider nicht mehr viel zu sehen. Heute beherbergt das noch immer herrschaftliche Haupthaus ein Kloster sowie ein Altenheim.

Nach der nächsten Kreuzung führt vor der Swist ein Weg in den Ort hinein. Sie fahren an der Kirche vorbei und wechseln nach gut 200 Metern an der Brücke die Bachseite. Gleich dahinter zweigt rechts ein schmaler Fußweg ab – man sollte besser absteigen. Nach etwa 50 Metern beginnt ein Feldweg, der nach gut einem Kilometer neben der Swist zu einer Schutzhütte führt. Hier leuchten schon die roten und schwarzen Dachflächen der Burg Müttinghoven durch die Bäume eines kleinen Parks. Nach etwa 400 Metern Fahrt zweigt rechts über den Swistbach der Weg zur Burganlage ab. (Wer von der Brücke am Swistbach aus allerdings nach Rheinbach weiterfahren will, bleibt auf der Landstraße. Sie führt über die Autobahn (*A 61*) und an der Rückseite des Bahnhofs vorbei – Abstecher s. Tour 8.)

Die **Burg Müttinghoven** (150 m) beherbergt heute einen privaten landwirtschaftlichen Betrieb. Hinter dem Haupthaus liegt ein Weiher, der ehemalige

Burggraben. Die Vorburg besticht durch ihr ornamentreiches Fachwerk.

Wer jetzt dem Feldweg entlang der Swist weiter folgt, erreicht nach knapp zwei Kilometern Morenhoven. Der Zugang zur gleichnamigen Burg befindet sich im Schloßpark. Fahren Sie über die Brücke und radeln entlang der Burgmauer die *Burgstraße* hinauf.

Wer möchte, kann von der Brücke am Swistbach aus einen **Abstecher** zu einer nahen weiteren Wasserburg machen: Dazu folgt man links dem Radweg neben der *Burgstraße* und erreicht nach zwei Kilometern Peppenhoven. An der Kreuzung rechts fahren. Nach 20 Metern durch den Park beginnt wiederum rechts die Zufahrt zur Burg.

Das kleine fünfachsige **Wasserschloß Peppenhoven** mit angebautem Turm ist nur über eine Brücke zugänglich. Die gesamte Burganlage mit eigener Kapelle und erhaltenen Teilen der Vorburg ist von einem romantischen Wassergraben umgeben.

Die gut restaurierte, zweiteilige **Wasserburganlage Morenhoven** stammt aus dem 13. Jahrhundert, das Herrenhaus kam 1682 dazu. Die Wirtschaftsgebäude auf der ehemaligen Vorburg wurden in der zweiten Hälfte des 19. Jahrhunderts gebaut. Zum Anwesen gehören ein schöner Park mit barocker Gartenanlage sowie eine Wassermühle. Auf Burg Morenhoven werden heute regelmäßig Kulturveranstaltungen geboten.

Weiter auf der Wasserburgen-Route: Am Ortseingang Morenhoven wechselt der Radweg zunächst auf die rechte Seite der Swist. Nach eineinhalb Kilometern geht es dann über

Auf Burg Morenhoven finden heute regelmäßig Kulturveranstaltungen statt

Witterschlick
Witterschlicker All
B 56
NDG
UW
Wbh
NSG
145
144
143
Volmers-
hoven
Ton
Heidgen
138
137
136
135
166
Quarz
Quarz
165
Buschhoven
167
Ton
Schmale Allee
170
129
Rennweg
Karte
2
170
166
Hohn
144
Berghof
L 163
L 493
164
161
163
162
146
4
Forst Wehrbusch
2
H
158
159
154
153
Jagdweg
150
148
161
Marien-
hof
Flerzheimer Allee
109
108
Gut Vershoven
139
Mülldeponie
PW
Vier Bänke
150
160
157
5
3
H
151
152
147
PW
170
96
95
173
AS 27
Miel
162
149
Morenhoven
6
165
Königsmaar
162
146
173
86
H
Miel
K 52
Bf
Kottenforst
Dickbaums-
kreuz
76
Rehsprung-
maar
85
75
Burg
W
ND
Burg
Mühlengraben
Mönchgraben
Kies
149
162
L 113
K 54
62
K o t t e
74
164
147
Mühlengraben
Smistbach
Eulenbach
Hof
Haus-
Müttinghoven
H
150
165
61
60
30
Am
Vogelherd
166
Anschluß siehe Karte 3 →
Anschluß siehe Karte 3 →
← Anschluß siehe Karte 3
Hochbach
Kläranl
PW
154
K 53
59
ND
44
Mammuteiche
AS 10
Meckenh
Peppenhoven
Lüftelberg
29
43
K 61
K 65
166
Flerzheim
Burg
Smistbach
170
38
erdrees
H
rdrees
K 65
L 493
156
L 113
PW
162
171
Sänger-
hof
Raststätte
Peppenhoven
ND
Ramershoven
166
L 163
Steinbüchel
UW
Kläranl
B 266
163
168
A 61 E 31
Justiz-
vollzugs-
anstalt
Rheinbach
174
Meckenheim
Mausmaar
L 493
Arenberger Hof
↓ Anschluß siehe Karte 22
Versuchsgut
Klein
L 158
250 m 500 m 750 m
K 51
189
177

die zweite Brücke wieder hinüber. Eine Weile verläuft der asphaltierte Feldweg parallel zum Gebüsch an der kaum einsehbaren Kläranlage. An der Kreisstraße, dem *Heidgesweg*, biegt man rechts ab und erreicht nach derAutobahnunterführung die Ortschaft Miel. Die *Rheinbacher Straße* führt rechts in den Ort. Nach ca. 300 Metern liegt auf der linken Seite die Zufahrt zur Burg.

 Die **Burg Miel**, an einer römischen Wegkreuzung entstanden, wird erstmals 1218 im Zusammenhang mit den Herren von Tomburg erwähnt, die ihren Sitz auf der Tomburg bei Rheinbach hatten. Sie wurde ab 1767 vom allmächtigen kurkölnischen Haus-, Hof- und Staatsminister Caspar Anton Freiherr von der Heyden gen. Belderbusch wieder aufgebaut. Das Schloß mit seinen wertvollen Malereien wird gerne als das »Versailles des Rheinlandes« bezeichnet. Sieben Quellen speisten einst den Burggraben. Durch die Grundwasserabsenkung des Braunkohle-Tagebaus sind bereits fünf versiegt. In regenarmen Jahren drohen die Teiche auszutrocknen. Die Burg soll in den kommenden Jahren renoviert und Stammsitz eines Golfclubs werden. Das nicht zugängliche Herrenhaus ist in Privatbesitz.

Nach einem letzten Blick auf Burg Miel geht es links auf der *Rheinbacher Straße* weiter. An der Kapelle biegt man erneut links ab und folgt der *Weiherstraße* , die durch ein Wohngebiet und dann am Golfplatz vorbei hinaus auf die Felder führt. Am Ende biegen Sie rechts ab. An der *B 56* beginnt links ein asphaltierter Radweg, der nach wenigen Metern die Straße vor der Brücke wieder verläßt und dann immer geradeaus durch die Felder bis zur *B 266* führt (das letzte Stück besteht aus

einem Schotterweg). Auf der anderen Seite der Bundesstraße – Vorsicht beim Überqueren! – geht es weiter bis zur Bahntrasse. Hier biegen Sie rechts ab und überqueren bei erster Gelegenheit den beschrankten Bahnübergang von Odendorf.

Weiter auf der Wasserburgen-Route: Sie führt über die *Orbachstraße*. Schöne Fachwerkhäuser säumen den Orbach, der leider im künstlichen Betonbett fließt. Auf der anderen Bachseite erhebt sich das eindrucksvolle Bauwerk der Odendorfer Burg.

 Die aus dem 18. Jahrhundert stammende **Burg Odendorf** bestand ursprünglich aus einer einteiligen Hofanlage mit zwei stattlichen Rundbogentoren aus Trachytquadern. Die auf das 13. Jahrhundert zurückgehende Stammburg des Adelsgeschlechts derer von Odendorp stand vermutlich schon an gleicher Stelle.

500 Meter weiter führt rechts unterhalb der kleinen romanischen Kirche eine Gasse hoch zum restaurierten Zehnthaus.

 Gegenüber der großen Kirche steht das aus dem Jahre 1726 stammende **Zehnthaus.** Das Bruchsteingebäude mit der markanten Giebelgestaltung ist ein Rest des ehemaligen Kartäuserhofes. Seit 1981 wird der Hof als Tagungs- und Veranstaltungsort genutzt.

Zurück in der *Orbachstraße*, geht es rechts weiter am Bach entlang. An der Kreuzung die Seite wechseln!

Burg Miel wird gerne der Innendekoration und der Gemälde wegen als das »Versailles des Rheinlandes« bezeichnet. Äußerlich renovierungsbedürftig, soll das herrschaftliche Haus Sitz eines Golfclubs werden

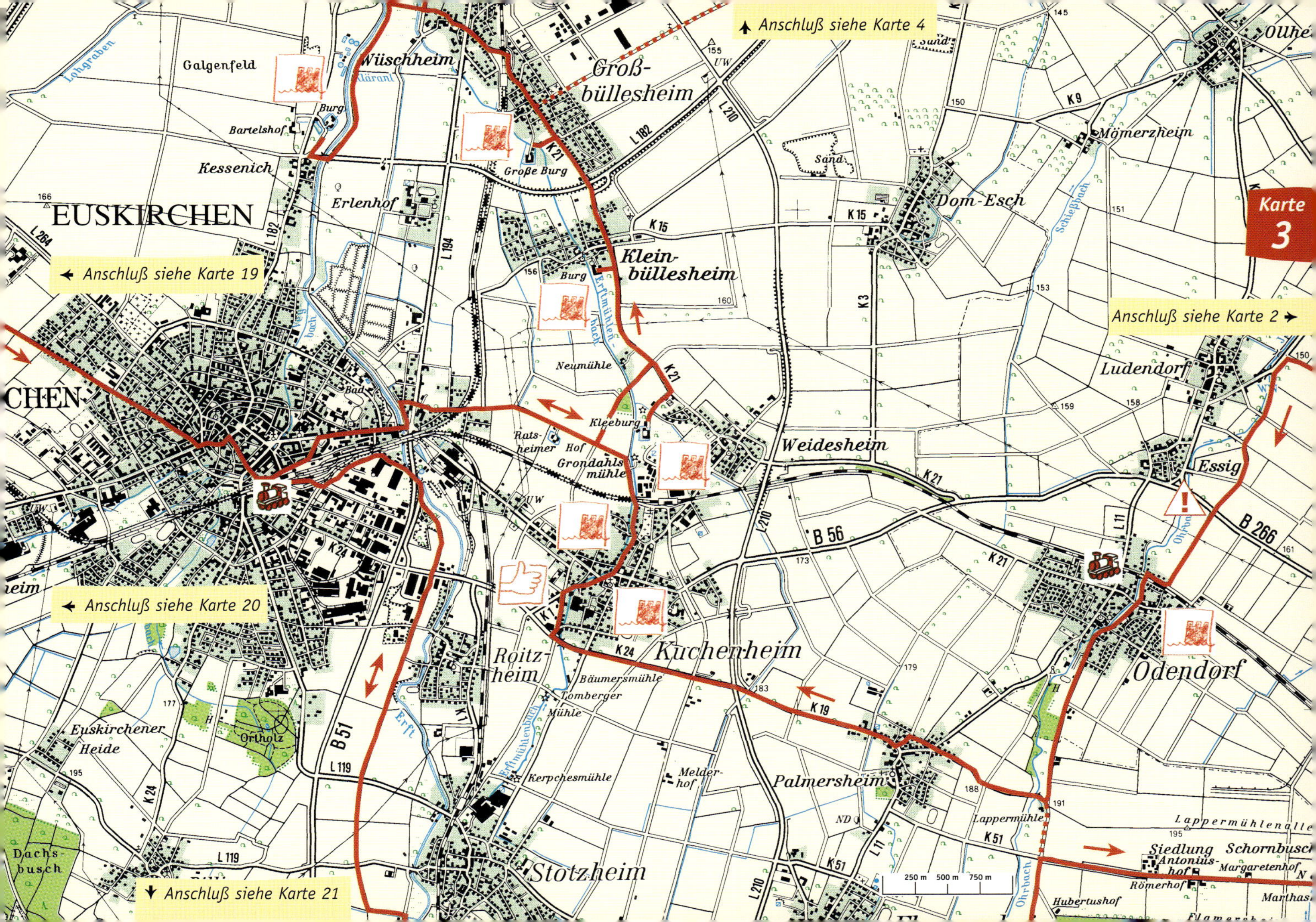

Anschluß siehe Karte 4
Galgenfeld
Wüschheim
Groß-büllesheim
Ouhé
Burg
Bartelshof
Sand
L 182
L 210
145
155
UW
150
K 9
Mömerzheim
Kessenich
Große Burg
Sand
K 15
K 15
Dom-Esch
151
EUSKIRCHEN
Erlenhof
Klein-büllesheim
Karte
3
L 182
166
L 264
L 194
156
Burg
160
153
K 3
Anschluß siehe Karte 19
Erftmühlen-bach
Anschluß siehe Karte 2
Neumühle
K 21
Ludendorf
150
CHEN
Bad
Kleeburg
Weidesheim
159
158
Essig
Rats-heimer Hof
Grondahls mühle
K 21
B 266
UW
K 21
L 11
L 210
161
B 56
173
K 21
Anschluß siehe Karte 20
K 24
K 1
Odendorf
heim
Roitz-heim
Kuchenheim
K 24
179
Euskirchener Heide
177
Ortholz
Bäumersmühle
Tomberger Mühle
K 19
183
188
Erft
B 51
B 119
K 1
Palmersheim
191
Dachs-busch
195
L 119
Kerpchesmühle
Melder-hof
Lappermühle
Lappermühlenallee
Siedlung Schornbusch
Antonius-hof
Margaretenhof
Römerhof
Stotzheim
L 210
250 500 m 750 m
K 51
L 11
ND
195
Ohrbach
Hubertushof
Anschluß siehe Karte 21

Die Kuchenheimer Tuchfabrik – hier ist eine vollständig erhaltene Weberei aus dem 19. Jahrhundert zu bestaunen. Das Museum befindet sich im Aufbau (Eröffnung voraussichtlich Ende 1999), daher sind Besichtigungen derzeit nur auf Anfrage möglich

Nach eineinhalb Kilometern *In der Freiheit* ist die Lappermühle erreicht. Hier biegt man scharf rechts ab, um dann in Palmersheim die Landstraße, den *Odendorfer Weg*, schräg rechts zu überqueren. Auf der *Elisabethstraße* geht es dann immer weiter geradeaus, bis am Ortsende hinter dem Klärwerk links die *Palmersheimer Straße* abzweigt. Auf dem Radweg, der bis Kuchenheim führt, überqueren Sie den Erftmühlenbach, biegen rechts zunächst in die *Vivaldistraße* und dann in die *Carl-Koenen-Straße* ein. Auf der rechten Seite liegt die Zufahrt zum Rheinischen Industrie-Museum, der sehenswerten Kuchenheimer Tuchfabrik. Keine 100 Meter weiter führt der schmale Weg rechts vor der roten Backsteinvilla zur ehemaligen Zufahrt der Tuchfabrik.

Hinter dem alten Eingangstor liegt links die **Obere Kuchenheimer Burg** (169 m). Leider befindet sich die Anlage derzeit in einem recht schlechten Zustand. Von der ursprünglich zweiteiligen Oberen Burg Kuchenheim ist außer den Wassergräben nur die Herrenhausinsel mit dem dreigeschossigen Rundturm erhalten.

Von der *Carl-Koenen-Straße* aus überqueren Sie die *Kuchenheimer Straße* und gelangen über die *Bachstraße* zum Marktplatz. An der nächsten Kreuzung liegt dann links vor der *Lambertusstraße* die Burg.

Das wohnturmartige Burghaus der **Unteren Kuchenheimer Burg** (166 m) läßt auf eine Entstehung im 13. Jahrhundert schließen. Das kleine halbrunde Flankentürmchen der ehemals zweiteiligen Wasserburg hatte zwar früher strategische Bedeutung, gilt aber eher als Nachbau in Anlehnung an die Hohe Schule mittelalterlichen Wehrbaus.

Wer von hier aus den Anschluß zum Bahnhof in Euskirchen sucht, der fährt zurück zur *Kuchenheimer Straße*. Biegen Sie rechts ab in Richtung Zuckerfabrik. Nach eineinhalb Kilometern muß die große Kreuzung am Stadtrand von Euskirchen überquert werden. Fahren Sie weiter geradeaus und verlassen die *Kölner Straße* am *Hindenburgplatz* links. Die *Oststraße* führt direkt zum Bahnhof. Hier endet die erste Etappe. Die Wasserburgen-Route verläuft nun weiter auf der *Bachstraße* bis zur Bahnlinie. Dort liegt gleich rechts die Haltestelle Kuchenheim. Nach Überqueren der Gleise folgt man dem Asphaltweg bis zu einer Kreuzung. Hier mündet der Anschluß vom Bahnhof Euskirchen – von dieser Stelle aus geht es nun (s. Tour 2) immer an der Erft entlang weiter bis nach Bergheim.

Service

Information

Tourismus und Kongreß, *Friedrich-Ebert-Allee 26, 53119 Bonn, Tel: 02 28/910 41-0, Fax 910 41 11* · **Eifel-Touristik,** *Bad Münstereifel, Tel: 022 53/60 75* · **Gemeinde Wachtberg,** *Berkum, Rathausstr. 34, Tel: 02 28/95 44-0* · **Stadtverwaltung Rheinbach,** *Schweigelstr. 23, Tel: 022 26/917-0* · **Gemeindeverwaltung Swisttal,** *Swisttal-Ludendorf, Rathausstraße 115, Tel: 022 55/309-0* · **Stadtverwaltung Euskirchen,** *Kölner Str. 75, Tel: 022 51/14-210* · **Bonn Bad-Godesberg/Wachtberg/ Meckenheim/Rheinbach/ Swisttal:** *ADFC Kreisverband Bonn/Rhein-Sieg e.V., Richard-Wagner-Str. 10–12, 53115 Bonn, Tel: 02 28/ 63 00 15 (Information Fernradwanderwege)*

Die Römische Wasserleitung *(Ein Wanderweg von Nettersheim/Eifel über Meckenheim nach Köln), Infos über* **Naturschutzzentrum Nettersheim,** *Tel: 024 86/12 46*

Bahn

Zentralauskunft: *Tel: 02 28/194 19* · **Bonn-Bad Godesberg:** *Moltkestraße* · **Meckenheim:** *Rheinbacher Straße, Industriepark, Bahnhof Kottenforst* · **Rheinbach:** *Bahnhofstraße* · **Gemeinde Swisttal:** *Swisttal-Odendorf* · **Euskirchen-Kuchenheim:** *Euskirchen-Bonn Bahnhof Euskirchen, Oststraße*

Bus

Stadtwerke Bonn, *Fahrplanauskunft, Tel: 02 28/71 18 13* · **Wachtberg/Meckenheim/Rheinbach/Gemeinde Swisttal:** *RVK Meckenheim, Kalkofenstr.1* · **Euskirchen:** *SVE Euskirchen, Bahnhofstr. 23; RVK Euskirchen, Oststr. 2a*

Rad & Hilfe

Bonn - Bad Godesberg: *Fahrradhaus Henk, Burgstr. 54, Tel: 02 28/31 47 07; Drahtesel–Der Fahrradladen, Molkestr. 10, Tel: 02 28/36 15 45; Faharadhaus Heinemann, Plittersdorferstr. 184, Tel: 02 28/35 48 78.* · **Berkum:** *Fahrrad-Treff Wachtberg, Am Bollwerk 1, Tel: 02 28/34 77 60* · **Villip:** *Fahrrad Künzel, Villiper Hauptstr.19, Tel: 02 28/32 52 29* · **Meckenheim:** *Bertram, Hauptstr.48, Tel: 022 25/22 72; CCM Sport-Radsport, Lüftelbergerstr. 23, Tel: 022 25/182 27; Velo Deckers, Neuer Markt 9, Tel: 022 25/128 38; Prior, Auf dem Steinbüchel 2, Tel: 25/70 03 54; Recker + Co. GmbH, Am Wiesenpfad 21, Tel: 02225/91 61-0* · **Rheinbach:** *Radsport Bolz, Uhlandweg 1, Tel: 022 26/163 00; Fahrrad- und Sportgeräte HK, Aachener Straße 25, Tel: 022 26/109 45* · **Gemeinde Swisttal:** *Lexa, Odendorf, Flamersheimer Str.12, Tel: 022 55/89 06*

(Rad-)Taxi

Bonn: *Tel: 02 28/55 55 55;Wachtberg: Tel: 02 28/34 08 08* · **Meckenheim:** *Tel. 022 25/51 64* · **Rheinbach:** *Tel: 022 26/36 36; 022 26/20 30* · **Gemeinde Swisttal:** *Tel: 022 54/71 20; 022 54/ 14 44* · **Euskirchen:** *Tel: 022 51/641 00*

Burg/Schloß

13 Anlagen *max. 3 km von der Hauptroute entfernt* · **mind. 20 Anlagen** *max. 10 km von der Hauptroute entfernt*

Sehenswürdigkeiten/Kultur

Bonn: *Konzerte der Stadt Bonn, Museumsmeile, Kinopalast, Tel: 02 28/77 45 33* · **Adendorf:** *Töpferort mit Museum; Töpferei Hansen, Erhard-Fischer-Str. 34, Tel: 022 25/78 74* · **Villip:** *Aktive wassergetriebene Getreidemühle mit kleinem Laden, Besicht. n. Voranm., Fam.W. Bedorf, Im Bruch 32, Tel: 02 28/32 48 78; Kleines Heimatmuseum für lokale Volkskunde, Villiper Hauptstraße (Schule), Besicht. n. Voranm., Tel: 02 28/32 72 36* · **Meckenheim:** *Bahnhofsgaststätte Kottenforst, Bahnhof Kottenforst, Tel: 022 25/73 22* · **Rheinbach:** *Stadtzentrum, Himmeroder Wall, Hexenturm und Voigtstor werden vermietet, Auskunft bei der Stadtverwaltung, Tel: 022 26/917-0 · Glasmuseum Rheinbach, bedeutendste Sammlung nordböhmischer Glaskunst, Himmeroder Wall 6, Tel: 022 26/142 24* · *Kutschenmuseum, Franz Mostert, Koblenzerstr.4, Tel: 022 26/44 93 · Diverse Glasveredelungsbetriebe mit Besichtigungsmöglichkeiten, Tel: 022 26/917-0 »Haus der Natur« im Himmeroder Hof: Info-Zentrum des Naturparks Kottenforst-Ville, Tel: 022 26/23 43* · **Euskirchen:** *Rheinisches Industrie-Museum, Kuchenheimer Tuchfabrik (offizielle Eröffnung 1999, Besicht. n. Voranm.), Carl-Koenen-Straße Tel: 022 51/550 34*

Touren-Tips

Bonn: *Godesberger Villenviertel, Rheinufer, Ausflug ins Siebengebirge, Ahrtal, Siegtal* · **Meckenheim:** *Obst-, Rosen- und Baumschulstadt. Gute Einkaufsmöglichkeiten von Obst direkt beim Erzeuger*
Schwimmbäder: *Kurfürstenbad (Bonn), Kurfürstenallee 7a, Tel: 02 28/35 39 86; Hallenschwimmbad mit Liegewiese (Meckenheim), Tel: 022 25/123 02; Freizeitpark mit Wellenschwimmbad ud Freibad (Rheinbach), Tel: 02 226/31 14*

Ein Schmuckstück unter den Erftschlössern: die Kleeburg

Tour 2: Die Märchenschlösser an der Erft

Diese Radtour führt Sie durch eine Landschaft mit überaus zahlreichen Schlössern und Burgen: Auf gut 44 Kilometern erwarten Sie nicht weniger als 25 Wasserburgen! Sie ist damit der burgenreichste Abschnitt der gesamten Route. Beginnend am Bahnhof in Euskirchen, geht die Fahrt entlang der Erft in die Ebene der Kölner Bucht bis nach Bergheim. In Blessem gibt es eine Anschlußmöglichkeit über Lechenich nach Zülpich und weiter nach Kommern (Die Strecke ist in entgegengesetzter Richtung in Tour 7 beschrieben, die Beschilderung soll in beiden Richtungen erfolgen.) Ferner kann man von Blessem aus auch über das Vorgebirge nach Brühl und Bonn weiterfahren, bzw. die Rückfahrt in Richtung Bonn entlang der Trasse der alten römischen Wasserleitung wählen. Kurzum: Die vorgeschlagenen Abstecher bzw. Alternativstrecken ermöglichen eine individuell zugeschnittene Tour mit persönlichen Schwerpunkten.

Vom Bahnhof Euskirchen aus führt die Route über die *Oststraße* und die *Kölner Straße* stadtauswärts.

Hier existiert kein separater Radweg, daher ist Vorsicht geboten. Wechseln Sie am besten an der Fußgängerampel neben der Tankstelle die Straßenseite und fahren dort auf dem Gehweg weiter.

Nach dem Überqueren der großen Erftbrücke biegt man gleich links auf den Schotterweg ab. Nach ca. 200 Metern geht es rechts durch eine Straßensperre, dann entlang der *Görresstraße*, bis man an der Ampel die *Kölner Straße* erreicht. Auf der gegenüberliegenden Straßenseite führt der *Appelsgarten* den Radler hinaus auf die Felder. An der Weggabelung biegt man zunächst rechts, an der folgenden Kreuzung links ab und erreicht so die beschilderte Hauptroute. Der Feldweg führt nun in Richtung eines Wäldchens, neben dem bereits die Türme der Kleeburg auftauchen. Um zur Burg zu gelangen, fährt man weiter geradeaus, überquert den Erftmühlenbach und biegt auf der *Weidesheimer Straße*, der *K 21*, rechts ab. Die von alten Bäumen gesäumte Straße *Zur Kleeburg* führt nach 200 Metern rechts direkt zur kleinsten Wasserburg an der Erft.

Die zweiteilige **Kleeburg** (160 m) hat eine große wehrhafte Vorburg und wuchtige Backsteintürme. Bis zur Vorburg ist sie für den Besucher einsehbar. Das Schlößchen selbst ist ein u-förmiges Gebäude, das nur über eine kleine Ziehbrücke zu erreichen ist. Mit seinen rotgelben Fensterläden gehört diese Burg sicher zu den Schmuckstücken der Erft-Schlösser.

Die imposante Wasserburganlage Kleinbüllesheim ist die zweite Station der Tour

Über die *Weidesheimer Straße* gelangt man von der Kleeburg in die nächste Ortschaft Kleinbüllesheim. Die *Weidesheimer* wird hier zur *Luxemburger Straße*. Vor dem Ort schon sieht man auf der linken Seite die gleichnamige Burg.

Kleinbüllesheim (156 m) war eine Wasserburg mit mächtigem Eingangstor. Das quadratische Schloß selbst ist eher schmucklos, was aber den wuchtigen Charakter der Anlage noch unterstreicht. Der gänzlich ausgetrocknete Wassergraben ist teilweise noch erkennbar. Heute ist hier ein landwirtschaftlicher Betrieb untergebracht. Typisch für die mittelalterliche Siedlungsstruktur ist die nahe Kirche, hinter der die eigentliche Ortschaft beginnt.

Auf der *Luxemburger Straße* kommt man nun immer geradeaus nach Großbüllesheim. Nach einer Unterführung der *L 182n* biegt man in die erste Straße links und an deren Ende nochmal links ab.

Von der einstigen **Wasserburg Großbüllesheim** (150 m) ist nur noch wenig zu sehen. Auf dem ehemaligen Burgberg steht heute ein Bungalow. Nur der sorgsam restaurierte Teil der Vorburg läßt erkennen, was für ein imponierendes Gebäude hier einst gestanden haben muß. Auch diese Anlage steht im Dienste der Landwirtschaft.

Auf der *Großbüllesheimer Straße* hält man sich links, fährt am Bahnhof vorbei und überquert die *Reichsstraße* (*B 51*). Auf der gegenüberliegenden *Wüschheimer Straße* geht es dann hinunter bis zum Ortsende. Die Wasserburgen-Route zweigt hier rechts auf einen Feldweg ab. Fährt man allerdings weiter

geradeaus und biegt vor der Erft links ab, taucht nach kurzer Zeit hinter Bäumen die Kessenicher Burg auf.

Die **Kessenicher Burg** (157 m) ist eine schöne kleine, an der Erft gelegene Wasserburg. Die einst zweiteilige Burganlage wird erstmals Anfang des 14. Jahrhunderts erwähnt. Torbau und Herrenhaus mit rundem Treppenturm kamen im 16. Jahrhundert dazu. Der Bau liegt sehr romantisch in einem kleinen Park versteckt, ist aber vom Radweg aus gut zu erkennen.

Zurück am Ortsschild an der *Wüschheimer Straße* folgt man dem abzweigenden Feldweg, der nach knapp einem Kilometer

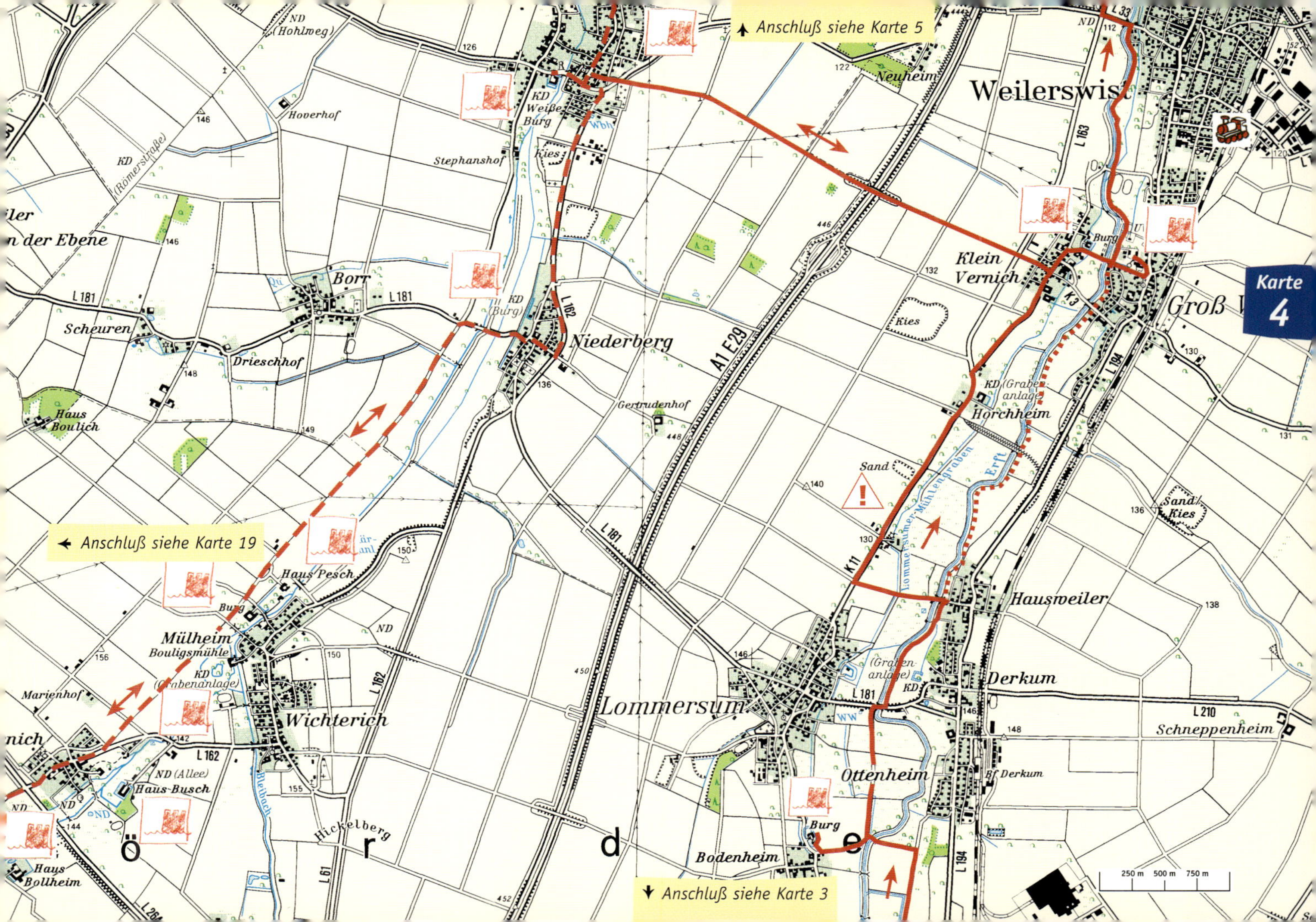

ND (Hohlweg)
ND 112
L 33
Anschluß siehe Karte 5
Neuheim
Weilerswist
Hoverhof
146
KD (Römerstraße)
Stephanshof
Wbh
KD Weiße Burg
Kies
L 163
122
126
446
Klein Vernich
Burg
L 163
K 3
Karte 4
Groß
132
L 181
Borr
L 181
Kies
Scheuren
KD (Burg)
L 162
Niederberg
130
Drieschhof
148
136
KD (Graben anlage)
Horchheim
131
Haus Boulich
149
Gertrudenhof
448
Erft
Sand
140
Sand/Kies
136
Anschluß siehe Karte 19
150
ür- anl
Haus Pesch
150
L 181
130
K 11
Lommersumer Mühlengraben
Hausweiler
138
Burg
Mülheim
Bouligsmühle
ND
150
450
(Graben anlage)
Derkum
KD
156
KD (Grabenanlage)
146
L 181
WW
148
L 210
Marienhof
Lommersum
Schneppenheim
Wichterich
K 142
L 162
ND (Allee)
Haus-Busch
155
Hickelberg
Bleibach
L 61
Ö
144
ND
ND
ND
Haus Bollheim
L 26
452
Ottenheim
Burg
Bodenheim
Bf Derkum
L 194
d
e
r
250 m 500 m 750 m
Anschluß siehe Karte 3
A1 E29

links zu einer Erftbrücke führt. Auf der anderen Bachseite fährt man halb links und kommt über die *Kuhgasse* geradewegs zur Bodenheimer Burg.

 Die frisch restaurierte, ganz in gelb gehaltene **Bodenheimer Burg** (150 m) beherbergt auf der Vorburg einen großen landwirtschaftlichen Betrieb. Die beste Sicht auf die Anlage besteht vom Stichweg aus, der von der *Kuhgasse* kurz vor der *Kessenicher Straße* rechts abzweigt.

Zur Weiterfahrt folgt man vor der Erftbrücke links dem breiten Feldweg, der geradeaus zur *Derkumer Straße* (*L 210*) führt. Hier wird erneut die Bachseite gewechselt. Nun kann man ohne Probleme neben der Erft bis Weilerswist weiterradeln; die Wasserburgen-Route zweigt derzeit an der nächsten Straßenkreuzung links ab. Wer hier nicht geradeaus weiterfahren will, folgt der *Kapellenstraße* bis zum Kreisverkehr. Dort muß rechts auf die breite Straße (*K 11*) abgebogen werden. Vorsicht, schneller Verkehr! Erst nach zwei Kilometern ohne Radweg kann man die Schnellstraße wieder verlassen. Am Ende des Weilers in Horchheim zweigt rechts die *Borrer Straße* ab, die direkt nach Kleinvernich führt.

In der Ortsmitte von Kleinvernich, an der *Müddersheimer Straße*, bieten sich Ihnen nun zwei Möglichkeiten, die Tour fortzusetzen:
Entweder man wählt den lohnenswerten **Abstecher zu den Burgen in Friesheim** – die Querverbindung bringt den Radler dann nach Zülpich (s. Routen 6 und 7) bzw. über Lechenich zurück zur Erft – oder man bleibt auf der Wasserburgen-Route entlang der Erft und wählt als nächstes Etappenziel die **Burgen in Klein- und Großvernich.**

Wer sich für den lohnenswerten Abstecher nach Friesheim entscheidet, der biegt an der Kreuzung links ab. Die Verlängerung der *Müddersheimer Straße* führt über die Felder und unter der Autobahn her geradeaus zum Ort.
Hier warten die Weiße Burg sowie die Burg Redinghoven auf ihre Entdeckung: Fahren Sie über den Rotbach und schon liegt linker Hand an der *Weilerswister Straße* die Weiße Burg vor Ihnen.

Die **Weiße Burg** (125 m) war einst eine geschlossene, wasserumwehrte Viereckanlage. Das stattliche zweigeschossige Herrenhaus stammt aus dem Jahre 1645. Es ist – im Gegensatz zur Burg – nach dem Krieg leider noch nicht wieder aufgebaut worden. Die fensterlosen Außenfronten werden von zwei runden Türmen eingerahmt.

Von Friesheim aus kann man gleich weiter nach **Zülpich** fahren. In Niederberg, Mülheim, Niederelvenich, Oberelvenich und Nemmenich erwarten Sie nämlich noch sieben **weitere Burganlagen** (s. a. Tour 7)! Voraussichtlich wird diese Strecke ebenfalls einmal als Wasserburgen-Route ausgeschildert sein. 1998 muß man sich noch an den allgemeinen Radweg-Beschilderungen des Kreises Euskirchen orientieren.

Nach der Außenbesichtigung der Weißen Burg in Friesheim fährt man erst wieder ein Stück auf der *Weilerswister Straße* zurück und biegt dann hinter der Kirche links in den *Niederweg* ab.
Hinter der Schule geht es wiederum links in eine Birkenallee und – vorbei an der großen **Barockstatue des heiligen Nepomuk** – zu einer weiteren regionalen Sehenswürdigkeit.

Per Radtour hautnah die Region erleben

 Die **Burg Redinghoven** (120 m) ist eine weitgehend intakte Wasserburg mit vollständigem Wassergraben. Sie erhielt ihre heutige Gestalt nach einem Brand Anfang des 18. Jahrhunderts. In Friesheim selbst befanden sich übrigens früher mehrere Burgen, doch der Ort, der im Mittelalter mit Wall, Gräben und fünf gemauerten Toren gesichert war, verlor zugunsten von Lechenich mehr und mehr an Bedeutung.

Zurück auf dem *Niederweg* zweigt nach 50 Metern links der *Boxerweg* ab, der nach zwei Kurven auf den *Wellmühlenweg* trifft. Links geht es über den Rotbach und gleich hinter der Brücke rechts weiter. Nach einer scharfen Linkskurve trifft man auf den Lechenicher Mühlgraben, den man in Ahrem überquert. Rechts fährt man in die *Mühlenstraße*, die in die *Klosterstraße (L 162)* mündet: Noch eineinhalb Kilometer, und man hat Lechenich erreicht.
(Weiterfahrt s. S. 30)

Die Wasserburgen-Route führt in Kleinvernich nach Überqueren der *Müddersheimer Straße* weiter geradeaus, bis schließlich rechts der *Kirchweg* abzweigt. Gleich neben dem folgenden Schützenplatz liegt das nächste Herrschaftshaus.

 Die **Burg Kleinvernich** (125 m) ist eine noch vollständig von einem Wassergraben umgebene Burganlage, die wie viele andere jetzt landwirtschaftlichen Zwecken dient. Die Erhaltung und Instandsetzung der alten Gemäuer ist nicht nur immens teuer: Vor allem Modernisierungen für eine anderweitige Nutzung sind wegen des Denkmalschutzes mitunter fast unmöglich.

Weiter verläuft die Route links über den *Kirchweg*, der zurück zur Erft führt. Nun sollte man sich die beeindruckende Ruine der ehemaligen Wasserburg Großvernich ansehen. Sie fahren an der Brücke weiter geradeaus und biegen am Ende links in den *Kurfürstenweg* ein. Von hier aus sind die erhaltenen Überreste schon gut zu erkennen.

Die spätgotische **Burg Großvernich** (130 m) verfiel im 18. Jahrhundert. In den Ruinen erkennt man aber noch den viergeschossigen Torturm sowie Reste von Mauern und den Rundturm.

Zurück an der Brücke geht es nun auf einem Feldweg links der Erft weiter. Auf der nächsten Landstraße, der *Bachstraße*, biegt man links ab.

Achtung: Die bisher nicht ausgebaute Strecke entlang der Erft auf dem Grünstreifen ist nur für Mountain-Biker geeignet!

Nach 200 Metern zweigt an der Kreuzung rechts die *Bliesheimer Straße* ab. Leider hört am Parkplatz der Radweg auf, so daß etwa ein Kilometer auf der Landstraße *(L 163)* zurückgelegt werden muß. Vorsicht! Nachdem man die Autobahn überquert hat, zweigt gleich rechts ein asphaltierter Weg ab. Hinter der dann folgenden Brücke geht es linker Hand weiter.

Die Wasserburgen-Route wie auch der Radweg *R 15* verlaufen auf den kommenden 40 Kilometern bis Bedburg mehr oder weniger parallel zur Erft. Knapp einen Kilometer hinter Burg Kühlseggen mündet übrigens die Swist in den Erftbach.

Über den Lauf der Zeiten hat die weitgehend intakt erhaltene Burg Redinghoven ihr Äußeres bewahrt

Die zwischen Swist und Erft auf einem Hügel errichtete Wasserburg Kühlseggen

Wer einen ***Abstecher zur Burg Kühlseggen*** (115 m) machen möchte, fährt hinter der Autobahnbrücke weiter geradeaus und steht nach 400 Metern vor dem Eingangsportal der Burganlage. Es handelt sich um eine als Privathaus umgebaute, hoch auf einem angeschütteten Hügel zwischen Swist und Erft errichtete Wasserburg mit großer Vorburg, deren Anfänge im 15./16. Jahrhundert liegen. Ein bißchen allerdings wird die romantische Atmosphäre durch den Lärm der nahen Autobahn getrübt.

Die Fahrt geht weiter vorbei an Bliesheim bis schließlich die Verbindungsstraße *K 44* die Erft kreuzt. Hier überqueren Sie die Straße.

Radler, die ***zum Haus Buschfeld*** (100 m) fahren wollen, nehmen den Radweg an der *K 44*, der rechts nach Liblar führt. Nach einem Kilometer biegt man gegenüber dem Baumarkt erneut rechts ab und kommt geradewegs ans Ziel: Die große Wasserburg, zuletzt ein landwirtschaftlich genutzter Hof, dient heute als Eigentumswohnanlage: Sie zeigt eine interessante Lösung für eine alternative Nutzung historischer Bauten.

Die Wasserburgen-Route verbindet sich jetzt mit der Kaiser-Route, dem Radfernweg von Aachen nach Paderborn. Erst in Bedburg trennen sich ihre Wege wieder.
Nachdem die Erft vor der Bundesstraße überquert worden ist, radelt man auf der rechten Bachseite weiter. Vor der *B 265* zweigt rechts ein Weg nach Liblar ab. Auf diesem fährt man immer geradeaus, bis man im Ort auf die *Bahnhofsstraße* trifft. Gleich rechts führt die *Fritz-Erler-Straße* zum Schloß Gracht.

Im Herzen von Liblar, inzwischen ganz von Wohngebieten umgeben, liegt **Schloß Gracht** (100 m). Der Adelssitz, im 13. Jahrhundert erstmals erwähnt, war über 400 Jahre lang eine wehrhafte Wasserburg. 1657 wurde sie dann zu einem repräsentativen Schloß ausgebaut. Während der französischen Besatzungszeit aber verkam die Burg. Erst 1851 wurde das jetzige Herrenhaus neu errichtet. Heute beherbergt Schloß Gracht die »Fortbildungsstätte für Führungskräfte der deutschen Wirtschaft«. Der unter Naturschutz stehende, öffentlich zugängliche Park ist noch das Relikt eines einst prachtvollen Barockgartens.

Nach 600 Metern auf asphaltiertem Weg fährt man über die Erft und setzt die Fahrt auf einem Schotterweg fort. An der nächsten Erftbrücke können Sie einfach weiter geradeaus radeln. Es bieten sich aber erneut mehrere Möglichkeiten zur Weiterfahrt an:
Die erste bringt Sie rasch zur Burg Blessem, indem Sie an der Brücke rechts abbiegen – am Ende der Straße geht es dann links herum und die in weiß gehaltene Burg mit ihrer besonderen Vorburg liegt vor Ihnen.

Blessem (95 m) ist eine weiß getünchte Burg aus dem 14. Jahrhundert mit einem teilweise erhaltenen Wassergraben. Die Absenkung des Grundwasserspiegels durch den Tagebau hat die Quellen versiegen lassen. Der langgestreckte Flügel der Vorburg wurde zu einem imposanten Wohnhaus umgebaut. Eine Einsicht in den Innenhof ist dennoch möglich. Dem Reitstall der Burg ist übrigens ein gastronomischer Betrieb mit Biergarten angeschlossen, der sich gut für eine Stärkungspause eignet. Denn Radfahrer sind hier ausdrücklich gerne gesehen.

Anschluß siehe Karte 6
Liblarer See
Untersee
Kraush
LIBLAR
NSG
ERFT- STADT
Kies
platz
KD
(Burg)
Konradsheim
AD 107/23
Erfttal
KD
Wasser
burg)
Blessem
NSG
KD.Schloß Gracht
Obersee
105
Mittelsee
107
Villenhofer
Maar
NSG
Heddinghoven
Bad
Donatus
see 121
Zwölling
see
KD
(Burg
ruine)
Frauenthal
Ş 108
Erftstadt
LECHENICH
Karte
5
KD Busch-
feldermühle
KD Haus Buschfeld
L 163
Staatsfo
Silbersee
L 263
Gestüt
Römerhof
KD
Bliesheim
L 162
B 265
Gestüt Bona
L 263
Liblarer Mühlengraben
A 1 A 61 E 31
A 553
Ahrem
K 45
Laacherhof
h
e
r
A 1 A 61 E 31
Kies
NSG
Sand/
Kies
Friesheimer
AK 109/24/1
Bliesheim
L 163
Kies
Burg
Kühls-
eggen
KD Kies
Smistertürmchen
L 162
Natur
Busch
NSG
KD
Redinghover
Burg
Lindenhof
AS 25
Weilerswist
Friesheim
schutzgebiet
Weile
L 33
ND
ND
(Hohlweg)
L 33
L 33
ND
A 61 E
Anschluß siehe Karte 4
Weilerswist
KD
(Grabe
250 m 500 m 750 m

Ein Kleinod rheinischer Baukunst ist die Burg Konradsheim; hier kann man auch Kunstgegenstände und Antiquitäten kaufen

Auf den Abstecher nach Lechenich, der die Erft nur für einige Kilometer verläßt, sollten Sie nicht verzichten: Der mittelalterliche Markt im Ortsteil mit seiner mächtigen Burg und die Anlage im benachbarten Konradsheim mit ihrer Antik-Ausstellung sind Höhepunkte der Etappe. Für diese Variante wird an der Brücke die Erft und anschließend die Autobahn überquert.

Von der Burg Blessem aus können Sie auf einer beschilderten Route auch weiter über Schloß Gracht in Liblar zur ›Schlösser-Stadt‹ Brühl fahren oder den Weg in Richtung Bonn entlang der Trasse der alten römischen Wasserleitung durch den Naturpark Kottenforst-Ville wählen.

Auf der *Blessemer Straße* gelangt man nach zweieinhalb Kilometern ins Zentrum des Ortes. Am Ende der Straße führt eine Holzbrücke über den Rotbach. An dieser Stelle sind die Türme der Lechenicher Burg bereits zu sehen. Jetzt wird zunächst links und dann auf der quer verlaufenden *Bonner Straße* rechts abgebogen. So kommt man zum mittelalterlich anmutenden,  sehenswerten **Marktplatz von Lechenich**. Gleich gegenüber dem östlichen Stadttor, dem Bonner Tor, fährt man in die als Spielstraße ausgewiesene *Schloßstraße*, kommt an einer Kirche vorbei, biegt am Ende rechts ab und fährt nun geradewegs auf die Burg zu.

Selbst als Ruine unterscheidet sich die **Lechenicher Landesburg** (105 m) in ihrer Wehrhaftigkeit deutlich von allen anderen Burgen an der Erft. Die besondere Bauweise ergibt sich aus der strategischen Bedeutung ihrer Lage: Lechenich war Schnittpunkt der alten Landstraßen von Bonn nach Aachen und der einstigen schnurgeraden römischen Heerstraße von Trier nach Köln. Die Burg erinnert an ein staufisches Kastell. 1689 von den Franzosen in Brand gesetzt, wurde nur ein Teil der Vorburg wieder aufgebaut. Von hier aus hat man einen direkten Blick auf die nicht zugängliche Ruinenanlage.

Wieder auf der *Schloßstraße*, fährt man weiter bis zur *Frenzenstraße* (L 162), auf der es rechts nach Konradsheim geht. Kurz vor dem Dorfende liegt die gleichnamige Burg direkt an der Straße.

Die **Burg Konradsheim** (100 m) ist eine vollständig restaurierte Wasserburg, die auf das Jahr 1337 zurückgeht. Abgesehen von dem spätgotischen Erker gilt die Burg als Beispiel für eine geschlossene Wehranlage. Der Zugang ist bis in den Innenhof möglich. Im Burginneren gibt es nicht nur Kunstgegenstände und Antiquitäten zu bestaunen, sondern auch zu kaufen! In der Vorburg finden Sie das Restaurant »Landhaus«. Radfahrer sind hier herzlich willkommen!

Verläßt man die Burg durch den Haupteingang, fährt man links zurück Richtung Lechenich. Nach 200 Metern zweigt die K 44 ab (links), an der ein neuer Golfplatz liegt. Hinter der kleinen Brücke biegt man erneut links ab – es geht auf Schotter weiter. Hat man den Golfplatz hinter sich gelassen, führt ein kurzes Stück Asphaltweg über die Autobahn. Entlang des Rotbachs kommen Sie dann wieder zurück zur Erft.

Die **Hauptstrecke der Wasserburgen-Route** verläuft weiter auf der rechten Erftseite bis zu einer Straßensperre. Hier sollten Radwanderer aus Sicherheitsgründen absteigen. An der nächsten Weggabelung kann man nach Brüggen abbiegen.

 Entscheiden Sie sich für einen **Abstecher nach Brüggen,** bringt Sie der rechte der beiden Wege, ein Feldweg, bis zum Dorfeingang des Ortes. Man fährt rechts in die Straße *Am Burgtor* und kann wenig später die Reste der einstigen Burg besichtigen. Das mächtige **Burgtor Brüggen** (100 m) ist das letzte sichtbare Zeugnis einer Wasserburg, die einst dem Bonner Stift Dietkirchen gehörte. Bereits um 1750 abgerissen, wurde Anfang des 20. Jahrhunderts auch das hier stehende Rittergut Brüggenerburg abgetragen.

Gleich hinter der nächsten Weggabelung befindet sich ein **Erftwehr**, das den Wasserstand des Flusses reguliert. An der kleinen grünen Brücke zweigt der Weg zum Schloß Gymnich ab. Dieser führt durch den neuen Golfplatz und über die Autobahn. Nach drei Kilometern Fahrt entlang des Schloßparks stehen Sie schließlich vor dem (meist geschlossenen) großen schmiedeeisernen Eingangstor der berühmten Anlage.

Schloß Gymnich (85 m), hat als Gästehaus der Bundesrepublik Deutschland Weltruhm erlangt. Bis Ende der 80er Jahre wurden hier ausländische Staatsgäste untergebracht. Deshalb stellt sich die äußerlich eher farblose Burganlage immer noch als Hochsicherheitsanlage dar. Die Innenräume dagegen sind äußerst kunstvoll ausgestattet. Derzeit ist noch ungewiß, ob das in einem großen Park gelegene Schloß nur als Sitz eines Golfclubs genutzt oder auch öffentlich zugänglich werden wird.

Die Wasserburgen-Route führt zunächst weiter entlang der Erft. An der folgenden Brücke zweigt der Weg zum Schloß Türnich ab. Am Ende des Parks geht es rechts durch das Eingangstor. Man kommt an zahlreichen Seen und Wassergräben vorbei und steht nach knapp 200 Metern vor diesem wunderschönen Bau, der jeden Betrachter sofort in seinen Bann zieht.

Schloß Türnich (80 m), ist eines der bemerkenswertesten Zeugnisse rheinischer Baukunst. Die eindrucksvolle Burganlage stellt sich heute als spätbarocker Herrensitz dar. Rechts neben dem Herrenhaus, das wegen umfangreicher Renovierungsarbeiten derzeit unbewohnt ist, befindet sich eine kleine Kapelle mit zahlreichen Fresken (nicht immer geöffnet). In den bereits restaurierten Wirtschaftsgebäuden arbeiten zahlreiche alternative Unternehmen. Auf dem Schloßgut entsteht derzeit ein Demeter-Obsthof. Die gesamte Anlage liegt in einem Park mit altem Baumbestand.

Die letzten Kilometer spendeten die Baumreihen entlang der Erft Schatten. Leider geht es nun auf einem unbegrünten, asphaltierten Weg weiter, bis hinter einer schönen Holzbrücke auf der linken Seite der Erft das Waldstück des Kerpener Bruchs, ein ehemaliger Auenwald, beginnt.

Früher wurde das **Naturschutzgebiet Kerpener Bruch** mehrmals im Jahr überflutet. Seit dem Braunkohlentagebau ist der Grundwasserspiegel im ehemaligen Auenwald so weit abgesunken, daß sich das einstige artenreiche Feuchtgebiet in einen einfachen Eichenwald wandelt. Einen sichtbaren Einblick in die Grundwasserproblematik liefert das Wehr. Hier wird, um den Wasserspiegel im Naturschutzgebiet möglichst hoch zu halten, das Wasser angestaut und über die Erft abgeleitet.

Goldgelbe Blütenpracht der Erftlandschaft

In einem weitläufigen englischen Garten liegt das Schloß Lörsfeld. Seit 1990 betreibt der international bekannte Meisterkoch Thomas Bellefontaine hier ein Gourmet-Restaurant

Am Ende des Naturschutzgebiets, wenn die Landstraße *L 162* erreicht ist, verläßt die Wasserburgen-Route vorübergehend die Erft. Überqueren Sie die Straße, um den Radweg auf der anderen Straßenseite zu nutzen. Vorsicht! Kurz bevor Sie die große Straßenkreuzung erreichen, biegen Sie links in den Feldweg ein.

 Hier bietet sich ein kurzer **Abstecher** zur Burg Mödrath und zum Aussichtspunkt Tagebau Frechen an: Nachdem man die Landstraße (*L 163*) an der Ampel überquert hat, kommt man in ein Waldstück, in dem linker Hand hinter Sicherheitszäunen **Burg Mödrath** liegt. Im Sommer wird der Blick auf das gelbe, zweigeschossige Herrenhaus von Sträuchern und Bäumen fast vollständig verdeckt.

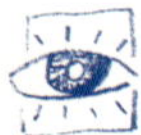 Setzt man die Fahrt fort, hat man nach 400 Metern den **Tagebau-Aussichtspunkt Frechen** erreicht – der erste Großtagebau aus den 50er Jahren, der heute verfüllt wird.

Nach diesem Abstecher verläßt man die Landstraße wieder und folgt dem asphaltierten Feldweg. Er führt zunächst durch Felder, dann durch ein kleines Wäldchen. Direkt hinter einer Weide mit Holzzaun, die sich auf der linken Seite befindet, biegt man an der Weggabelung links ab. Am Ende der Pferdeweide hält man sich nochmals links und überquert die Erftbrücke.

Kurz vorher liegt linker Hand ein **Restaurant mit Biergarten**. Auch hier können Radfahrer in Ruhe einkehren. Die Wasserburgen-Route führt dann hinter der Brücke rechts weiter.

Wer jetzt dem Schloß Lörsfeld einen Besuch abstatten möchte, fährt geradeaus und erreicht nach knapp einem Kilometer sein Ziel.

 Das in einem großen englischen Park gelegene **Schloß Lörsfeld** (70 m) hat im wesentlichen sein Aussehen aus dem 16. Jahrhundert bewahrt. Es wurde in den 90er Jahren hervorragend gesichert und restauriert. Das verzweigte doppelte Grabensystem ist zwar zum größten Teil noch erhalten, aber trocken gefallen. Nur der Graben neben dem Herrenhaus führt wieder Wasser. Im Anwesen ist ein Gourmet-Restaurant untergebracht. Der Schloßzugang ist bis zum Burginnenhof möglich.

Zurück an der Erft geht es nun auf der linken Uferseite weiter. Im Sommer spenden die Bäume des **Naturschutzgebietes Parrig**, ebenfalls ein altes Auenwaldgebiet, Schatten. Nachdem man die Autobahn unterquert hat, teilt sich 400 Meter weiter die Erft in die Große Erft und den Erftkanal. Anschließend fährt man unter einer Eisenbahntrasse durch und erreicht nach einer Weile die *Erftstraße*. Hier geht es rechts weiter in Richtung Horrem. Nach 500 Metern spätestens muß die Straße überquert werden, denn dann führt die Wasserburgen-Route auf einem Asphaltweg links hinaus auf die Felder.

 Fährt man an diesem Abzweig neben der Straße weiter geradeaus, erreicht man nicht nur die Horremer Mühle und den Bahnhof in Horrem, sondern in einem zur Erft zurückführenden Abstecher auch die Burg Hemmersbach, das sehenswerte Schloß Frens sowie das leider nicht einsehbare Schloß Schlenderhan.

er Busch K17
felder ch
K47
L162
78
70
Mödrath
KD Natur-Broichmühle QND
Dürsfeld
schutzgebiet
A61
B264
KERPEN
L162
L162
AS 21 Türnich
Fülles-hof
Kies
ND Q1 Lindenkreuz
91
72
88
93
L162
Gut Fuchswinkel
Gymnicher Mühle
Kleine Erft
74
Schloß Gymnich
Gymnich
87
99
ND
KD (Schloß)
Bad
ND
84
Türnich
K 50
K 50
137
Berrenrather Börde
Balkhausen
Weiler Brüggen 432
PW
Brüggen
K 23
PW
AS 22 Gymnich
K 46
Br
Ww
L 495
76
Anschluß siehe Karte 7
Fürstenberg maar
Weiler Berrenrath
Berren
K 50
Rastplatz Ville
L 495
Barbara-hof
H
Lieseis maarsee
92
AS 106 Knapsack
Kierdorf
ND
Concordia see 93
Köttinger See 94
Dünen dahlsee
95
H
434
L 163
101
Roggendorf
Kläranl
Köttinge
NSG
103
NS
B 265
Karte 6
155
430
A61
Dirmerzheim
KD (Gräbenanlage)
A61
A1 E31
Liblarer Mühlengraben
Wissersheim
Mellerhöfe
Anschluß siehe Karte 5
Golf
78
100
L495
250 m 500 m 750 m
A1 E31
WW
K45

Auf der malerischen Strecke über Nörvenich und dann entlang des Neffelsbaches erwarten Sie mehr als 15 weitere Wasserburgen. Die entsprechenden Radwegeverbindungen sind den Karten des Erftkreises und des Kreises Euskirchen zu entnehmen (s. a. Tour 7)

Vom Drahtesel auf die Schienen: der Bahnhof Horrem

Gleich am Ortseingang liegt die **Horremer Mühle**. Hier wurde mit Wasserkraft Getreide gemahlen. Folgt man der *Rathausstraße*, geht es an der Ampel auf der *Hauptstraße* rechts zum Bahnhof. Biegt man dagegen links ab, so zweigt nach zwei Kurven links die Zufahrt zur Burg Hemmersbach ab.

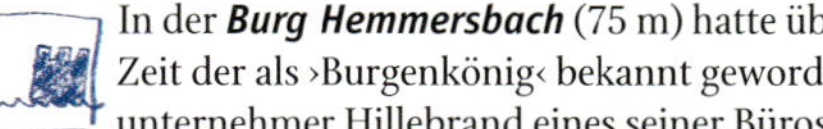

In der **Burg Hemmersbach** (75 m) hatte über lange Zeit der als ›Burgenkönig‹ bekannt gewordene Bauunternehmer Hillebrand eines seiner Büros. Entsprechend ist die inzwischen zum Verkauf freigegebene Burg noch gesichert, so daß derzeit kein Zugang möglich ist.

Zurück auf der *Hauptstraße*, biegt man in den nächsten Weg links ein, fährt nach 200 Metern rechts auf einen Feldweg und unterquert die *L 163*. Etwa einen Kilometer weiter beginnt links die Zufahrt zum Schloß Frens.

Schloß Frens (74 m) ist eine eindrucksvolle Wasserburg mit imposantem, teils efeuberanktem Herrenhaus. Die mächtige Vorburg wird gerade aufwendig grundsaniert. Vom Eingangsportal aus hat man einen guten Blick auf die Anlage. Wegen der Bauarbeiten ist ein Zugang zur Zeit nicht möglich.

Unter Linden geht es zurück zur Erft. An der ersten Wegkreuzung biegt man links, auf dem nächsten Feldweg dann rechts ab. An der *Sandstraße* hält man sich links. Hier soll 1998 ein separater Radweg eingerichtet werden. Der Weg führt vorbei am Gestüt Pliesmühle mit seiner alten Wehr- und Wasserradanlage. Nach einem Kilometer hat man die Erft erreicht. Wer hier noch einen weiteren **Abstecher** zum **Schloß Schlenderhahn**, dem weltberühmten Pferdegestüt einschieben möchte, fährt statt nach links abzubiegen weiter über die

Sandstraße und die *Köln-Aachener-Straße* bis zum Bahnhof in Quadrath-Ichendorf. Von dort kommt man über die *Domackerstraße* zur schmucklosen Eingangspforte des Schlosses, von dem selbst kein Blick zu erhaschen ist. Um zur Erft zurückzukehren, fährt man die *Graf-Otto-Straße* und ab der Eisenbahnbrücke die *Ahestraße* hinunter.

Wer auf den Abstecher über Burg Hemmersbach zum Schloß Schlenderhan verzichtet, folgt der Wasserburgen-Route weiter entlang der Erft. Nach einem Linksknick führt der Weg unter der *Landesstraße* her (ungefähr 100 Meter hinter dieser Unterführung gibt es eine weitere Möglichkeit, zum Schloß Frens zu gelangen, indem man rechts in die *Sandstraße* einbiegt). Ansonsten liegt jetzt eine dreieinhalb Kilometer lange Strecke entlang der Erft vor Ihnen.

Unter anderem führt die Tour an einigen kleineren Kinderspielplätzen vorbei, die nicht nur von den jungen Bewohnern der Bergheimer Stadtteile Quadrath-Ichendorf und Kenten gern genutzt werden. Nachdem in Bergheim die *Gutenbergstraße* überquert wurde, endet der Radweg schließlich an der *B 55*. Wer hier nach rechts schaut, kann bereits das Aachener Tor und die alte Stadtmauer aus dem 14./15. Jahrhundert erkennen. Ein Radweg führt über den *Willy-Brandt-Platz* genau dorthin.

Nun muß man sich entscheiden: Möchten Sie links nach Jülich weiterradeln (Tour 3), suchen Sie eine alternative Verbindung nach Zülpich oder möchten Sie Ihre Fahrt am Bahnhof beenden? In diesem Fall fahren Sie durchs Aachener Tor. Die Fußgängerzone der *Hauptstraße* und der *Kölner Straße* führt bis zum Bahnhof Bergheim.

Service

Information

Euskirchen: *Stadtverwaltung, Kölner Str. 75, Tel: 022 51/14–210; Eifel-Touristik, Bad Münster eifel, Tel: 022 53/60 75 ·* **Weilerswist:** *Bonner Straße 29, Tel: 022 54/96 00–0 ·* **Erftstadt:** *Stadtverwaltung, Holzdamm 10, Tel: 022 35/409–0 ·* **Kerpen:** *Stadtverwaltung, Jahnplatz 1, Tel: 022 37/58–0*

Radkarte des Erftkreises, *Infos unter Tel: 022 71/63–0 ·* **Radwandern am Erftmühlen-bach**, *LSV Rheinland, Pulheim, Infos unter Tel: 022 34/817 00 ·* **Der Radwanderführer für den Kreis Euskirchen** *– 12 Monate, 12 Touren. Erhältlich bei der Kreisverwaltung Euskirchen, Tel: 022 51/15–23 10 ·* **Freizeit-& Alltagstouren in Euskirchen**, *Infos unter Tel: 022 51/14–210 · ADFC Kreis Euskirchen, Olpener Straße 48, Tel: 022 51/751 57 ·* **Weilers-wist:** *Rad-Touristik-Club , Tel: 022 54/44 03 und 022 54/29 75 ·* **Kerpen:** *Radfahr-Stadtplan Kerpen, Tel: 022 37/58–0*

Bahn

Zentralauskunft: *Tel: 02 21/194 19;* **Euskirchen:** *Oststraße (weitere Haltepunkte Großbülles-heim, Kreuzweingarten, Kuchenheim, Stotzheim) ·* **Weilerswist:** *Bahnhofsallee ·* **Erftstadt:** *E.-Liblar, Bahnhoftstraße ·* **Kerpen:** *Haltepunkte in K.-Sindorf, K.-Buir, K.-Horrem*

Bus

SVE Euskirchen: *Bahnhofstr. 23, Tel: 022 51/14–141 ·* **Euskirchen/Weilerswist:** *RVK Eus-kirchen Oststr. 2 a, Tel: 022 51/950 20 ·* **Erftstadt /Kerpen:** *RVK Bergheim, Kölner Str. 16, Tel: 022 71/89 01–0*

Rad & Hilfe

Euskirchen: *Ruland, Kapellenstr. 27a, Tel: 022 51/30 93; Hockelmann, Rüdesheimer Ring 176a, Tel: 022 51/532 51; Outdoor, Alter Markt 5, Tel: 022 51/728 37; Scherfgen, Kirchstr. 16, Tel: 022 51/30 95; Persico, Frauenberger Str. 119, Tel: 022 51/27 58 ·* **Weilerswist:** *Hockelmann, Martin-Luther-Straße, Tel: 022 54/65 48; Fa.Scheid, Kölner Str. 131, Tel: 022 54/17 00 ·* **Erftstadt:** *Henninger KG, Lechenich, Frenzenstr. 5, Tel: 022 35/55 81; Persico, Bonner Ring 25, Tel: 022 35/674 20; Zalfen Radsport, Tel: 022 35/46 33 77 ·* **Kerpen:** *W. Lützeler, Kölner Str. 5, Tel. 022 37/23 79; Oberdick, Erftstr. 110, K.-Sindorf, Tel. 022 73/559 99*

(Rad-)Taxi

Euskirchen: *Tel: 022 51/641 00 022 51/611 00 ·* **Weilerswist:** *Tel: 022 54/33 00 (02 254/53 00 und 022 54/22 22) ·* **Erftstadt:** *Tel: 022 35/54 97*

Burg/Schloß

23 Anlagen *max. 3 km von der Hauptroute entfernt;* **mind. 35 Anlagen** *max. 10 km von der Hauptroute entfernt*

Sehenswürdigkeiten/Kultur

Euskirchen: *Stadtmuseum (geöffnet nur bei Ausstellungen), Kirchstr. 12, Tel: 022 51/143 86; Kuchenheimer Tuchfabrik (s. Service Tour 1) ·* **Kerpen:** *Kunst-Museum Baum, Stiftsstraße, Tel. 022 37/92 21 70; Kolping-Geburtshaus, Obermühle, Tel: 022 37/37 28; Michael-Schumacher-Kart-Center, K.-Sindorf, Chryslerstraße, Tel. 022 73/95 55 40; Kartbahn Manheim, K.-Manheim, Steinheide, Tel: 022 75/41 04*

Touren-Tips

Euskirchen: *Steinbachtalsperre – Freibad, Minigolf, Brauerei, Euskirchen-Kirchheim, Tel: 022 55/95 03 70 ·* **Erftstadt:** *Camping-Platz, Liblarer See, Tel: 02235/38 99 ·* **Schwimm-bäder:** *Euskirchen: Hallen- und Freibad Euskirchen, Am Keltenring, Tel: 022 51/143 46; Freibad Steinbachtalsperre, 53881 Kirchheim, Tel: 022 55/95 03 70 · Erftstadt: Hallenbad Erftstadt-Liblar, Holzdamm 4, Tel: 022 35/35 55 · Freibad Erftstadt-Kierdorf, Goldenbergstr., Tel: 022 35/852 80 · Freibad Erftstadt-Lechenich, Kölner Ring, Tel: 022 35/768 03 · Kerpen: Freibad in Kerpen-Horrem, Am Stadion 2, Tel: 022 73/42 14; Freibad in Türnich, Kerpen-Türnich, Herrstr. 128, Tel: 022 37/12 04; Hallenbad in Kerpen-Sindorf, Herrmann-Löns-Str., Tel: 022 73/525 54*

Einer der ältesten Adelssitze an der Erftniederung ist Schloß Bedburg

Tour 3: Wo einst Grafen und Herzöge regierten

Wegverlauf: Stadt Bergheim – Stadt Bedburg – Gemeinde Niederzier – Stadt Jülich · **Länge:** ca. 55 km · **Highlights:** Alt-Kaster, Braunkohlentagebau Garzweiler, Grottenhertener Mühle, Karneval-Museum auf der Burg Niederzier

Dieser Weg führt durch die Ebene von Bergheim bis Jülich. Besonders interessante und schöne Schlösser wie Bedburg und Paffendorf liegen am Weg. Die Landschaft ist vielfach geprägt vom Braunkohle-Tagebau. Der Weg zwischen Bergheim und Jülich führt gleich an drei Tagebaugruben vorbei. Unbedingt sollten Sie die Gelegenheit wahrnehmen, die beiden größten von Menschenhand angelegten ›Löcher‹ Europas zu besichtigen: die Tagebaustätten Garzweiler-Süd und Hambach. Der Tagebau Fortuna-Garsdorf ist inzwischen wieder verfüllt.

Die Strecke verläuft bis auf ein 1000 Meter leicht ansteigendes Stück gleich hinter der Ortschaft Kaster nahezu eben. Neben diesem mittelalterlichen Städtchen zählen die Grottenhertener Mühle und das Karneval-Museum auf Burg Niederzier zu den Höhepunkten der Etappe.

Vom Bahnhof Bergheim aus bekommt man schnell den Anschluß an die Wasserburgen-Route: Es geht links auf der *Kölner Straße* und anschließend auf der *Hauptstraße* durch die Fußgängerzone bis zum Aachener Tor und der alten Bergheimer Stadtmauer aus dem 14./15. Jahrhundert. Rechts neben der Stadtmauer radelt man weiter; an der Ampel wird die

Straße *Am Knüchelsdamm* überquert. Nun verläuft rechts neben der *Kennedystraße* ein Radweg, der nach 500 Metern links verlassen wird. Auf dem *Birkenweg* fährt man zur Erft. Dann geht es über eine Holzbrücke, und Sie kommen zur Zievericher Mühle, einem beliebten Ausflugsziel.

Die alte **Zievericher Wassermühle** (65 m) wirbt heute mit einer »Wurmbadeanstalt mit Fischbesatz«. Hier kann sich jeder mal als Angler versuchen oder vom Restaurant mit Biergarten den Angelerfolgen anderer zuschauen. Radfahrer sind willkommen.

Folgt man dem Weg *Zievericher Mühle*, so zweigt nach 200 Metern links die *Van-Giels-Straße* ab. Nach weiteren 300 Metern liegt linker Hand die Einfahrt zur Burg Zieverich.

Zieverich (70 m) ist eine wohl Ende des 13. Jahrhunderts entstandene Wasserburganlage. Nur der aus dem 16. Jahrhundert stammende Bergfried ist in seiner ursprünglichen Form erhalten. Das einstige Herrenhaus wurde nach einem Brand 1956 in einfacher Form wieder aufgebaut. Heute geht es auf dieser Anlage ausgesprochen lebhaft zu, denn auf dem gesamten Gelände befindet sich nun das Kinderheim St. Georg.

›Tierisches‹ Vergnügen auf jeder Radwanderung: die Begegnung mit Vierbeinern

Für die Strecke zwischen Kaster und Hambach sollte man für alle Fälle etwas Verpflegung dabei haben.

Im Kulturzentrum von Schloß Paffendorf kann man sich über die Entstehung der Kohle informieren

Auf keinen Fall sollte man versäumen, Schloß Bedburg von innen zu besichtigen

Zurück an der Mühle, fahren Sie über die Holzbrücke zurück, biegen links ab und folgen der Erft. Nach knapp eineinhalb Kilometern wechselt man erneut die Flußseite. Linker Hand beginnt die *Kastanienallee*, die in den Ort hochführt. Sie biegen rechts in die *Glescher Straße* ein; hinter der Kirche zweigt rechts der Weg ab zum Schloß Paffendorf.

Paffendorf (70 m) ist eines der eindrucksvollsten und bekanntesten Schlösser an der Erft. Der Konzern Rhein-Braun ist im Besitz der gesamten Schloßanlage und hat hier ein Kulturzentrum eingerichtet. Sonntags kann man sich über die Entstehung der Kohle informieren. Der Park lädt von März bis Oktober zum Spazierengehen ein.

Wieder an der Erft, fährt man links auf der **Kaiserroute** weiter geradeaus Richtung Norden bis zum Bedburger Ortsteil Blerichen. Hier wird die Erft überquert, danach geht es links weiter. Am Ende der Kläranlage zweigt rechts ein von Platanen gesäumter Weg ab, der auf die *Bergheimer Straße* trifft. Nach ein paar hundert Metern steht auf der linken Seite ein schmiedeeisernes Tor: der Zugang zum Park von Schloß Bedburg ist erreicht. Bleibt man bis zur Kreuzung auf der (gepflasterten) *Bergheimer Straße* und biegt dann links ab, kommt man ebenfalls zum Schloß Bedburg und in die Innenstadt.

Die Wasserburgen-Route aber zweigt an der Kreuzung erst rechts auf die *Kölner Straße* und an der folgenden Fußgängerampel links ab. (Wer einen Blick auf einen Teil des renaturierten Bereichs des Tagebaus Fortuna-Garsdorf werfen möchte, radelt geradeaus bis zum Ende der Straße.) Die Route führt an einem Friedhof vorbei, hinter dem links die *Weiherstraße* abzweigt. Unter Pappeln und durch eine verkehrsberuhigte Zone fährt man geradeaus bis zur Erft. Am Wegkreuz zweigt rechts die Kaiserroute nach Paderborn ab.

Die Wasserburgen-Route führt über die große Brücke. Auf dem zweiten Schotterweg, dem Radweg *R 18*, geht es links weiter. Nach 300 Metern unterquert man rechts an einem schmalen Durchlaß die Eisenbahngleise und die Landstraße. Der Schotterweg verläuft nun ein gutes Stück neben der tiefer liegenden Mühlenerft: Schließlich kommt man am Stadttor von Alt-Kaster an.

Die gleich vor den Toren von Kaster liegende **Burg Kaster** diente den Herzögen von Jülich als Residenz und Witwensitz. Die Stadt selbst (60 m) wurde immer wieder zerstört, litt besonders im 30jährigen Krieg

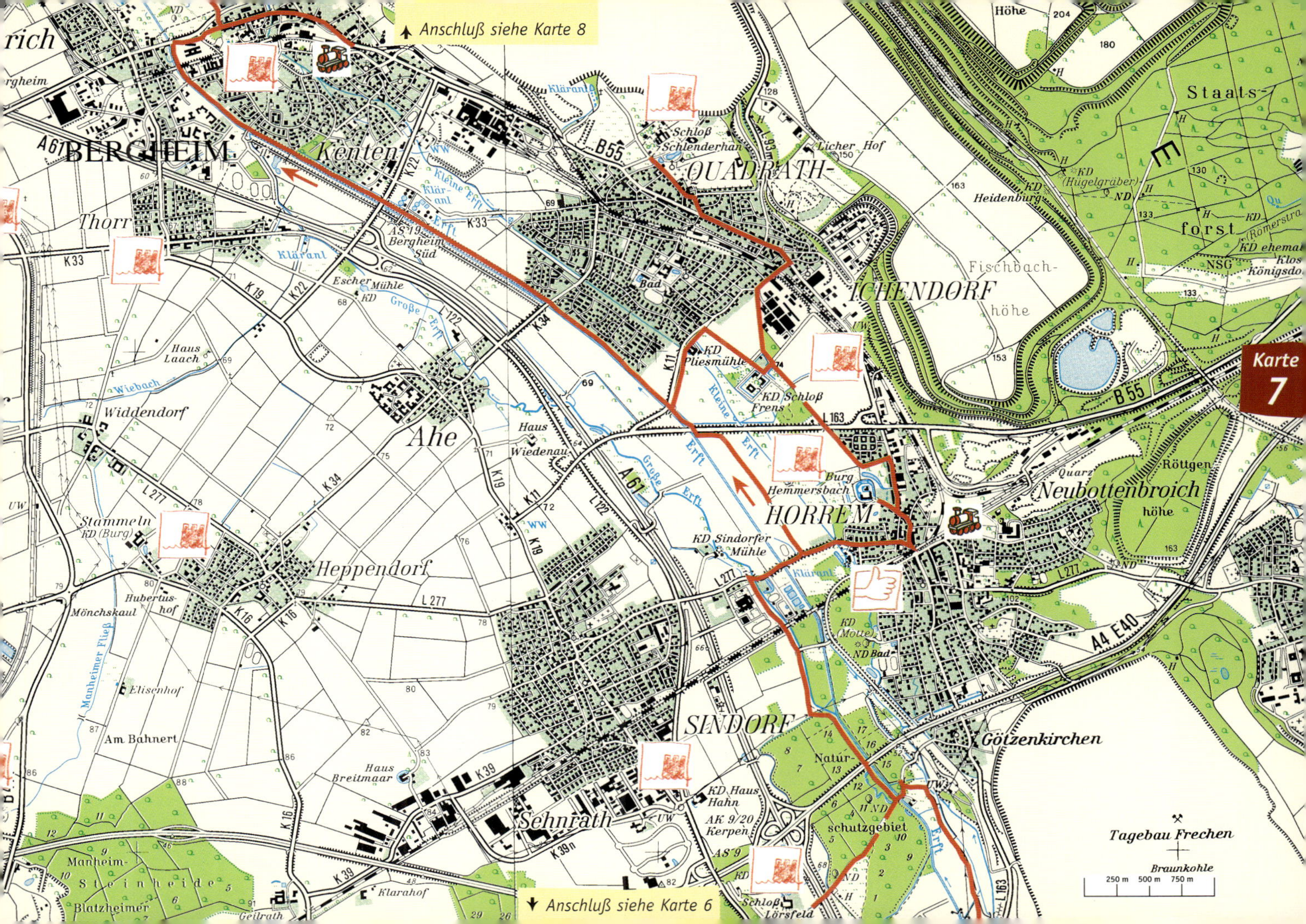

Anschluß siehe Karte 8
Höhe 204
180
rich
Bergheim
128
Kläranl
B 55
Schloß
Schlenderhan
Licher Hof
150
QUADRATH-
KD
(Hügelgräber)
ND
130
Staats-
forst
KD
(Römerstr.
KD ehemal
NSG
Klos
Königsdo
133
A 61
BERGHEIM
Kenten
K 22
60
Kleine Erft
Klär-
anl
Erft
K 33
69
163
KD
Heidenburg
H
133
Thorr
K 33
AS 19
Bergheim
Süd
ICHENDORF
Fischbach-
höhe
Escher Mühle
KD
Große
122
Erft
68
K 19
K 22
K 34
Bad
153
Karte
7
Haus
Laach
69
71
KD
Pliesmühle
74
Kleine
Erft
B 55
Widdendorf
72
Ahe
69
KD Schloß
Frens
L 163
Wiebach
Haus
Wiedenau
Erft
Quarz
Röttgen
Neubottenbroich
höhe
56
75
71
76
L 277
Große
Erft
A 61
Erft
Burg
Hemmersbach
163
Stammeln
KD (Burg)
78
WW
K 11
72
L 122
HORREM
L 277
Heppendorf
76
K 19
KD Sindorfer
Mühle
Kläranl
Hubertus-
hof
79
80
L 277
K 16
K 16
78
KD
(Motte)
ND Bad
A 4 E 40
Mönchskaul
Manheimer Fließ
Elisenhof
80
102
Am Bahnert
87
82
79
SINDORF
Götzenkirchen
Natur-
14
17
13
12
15
Haus
Breitmaar
83
84
8
16
schutzgebiet
86
88
86
Sehnrath
UW
KD Haus
Hahn
AK 9/20
Kerpen
AS 9
6
12
9
7
Tagebau Frechen
Manheim-
Steinheide
5
K 39
K 39 n
Klarahof
KD
3
9
2
Braunkohle
Blatzheimer
6
Geilrath
29
26
Schloß
Lörsfeld
250 m   500 m   750 m
Anschluß siehe Karte 6

3

unter den Überfällen fremdländischer Truppen. Heute steht der mittelalterliche Ort mit Stadtmauer, Stadttoren und alten Bürgerhäusern aus der Zeit nach 1624 unter Denkmalschutz. Im Wettbewerb »Unser Dorf soll schöner werden« wurde er mit einer Goldmedaille ausgezeichnet.

Nachdem man Alt-Kaster durchfahren hat, geht es gleich hinter dem Stadttor rechts durch den Park weiter. Hinter dem Spielplatz biegt der Weg links ab. An dessen Ende muß erst rechts, dann gleich links, vor dem Spielplatz aber sofort wieder rechts auf den Schotterweg abgebogen werden. Nach etwa einem Kilometer erreicht man schließlich auf einer Anhöhe eine Kreuzung. Hier orientieren Sie sich an dem Hinweisschild für einen Modellflugplatz: Es geht jetzt links und am Ende der Asphaltstraße rechts weiter. An der zweiten Kreuzung zweigt wiederum rechts die beschilderte Zufahrt zum Aussichtspunkt Tagebau Garzweiler ab.

Wer noch weitere Wasserburgen besichtigen möchte, die nicht unmittelbar an der Route liegen, sei auf die Querverbindung zwischen Kaster und Kirchherten hingewiesen. Auf dem Weg über Millendorf, Kirchtroisdorf und Kleintroisdorf gibt es vier durchaus sehenswerte Wasserburgen und Herrensitze (siehe Stadtplan mit Radwanderwegen der Stadt Bedburg).

Der **Aussichtspunkt Garzweiler-Süd** (105 m) bietet die gute Gelegenheit, sich mit der Thematik des Braunkohletagebaus zu beschäftigen und sich vor Ort ein Bild zu machen. Von hier aus soll der Tagebau mit Garzweiler II in Richtung Norden weiter fortschreiten.

Die Wasserburgen-Route verläuft an der Kreuzung weiter geradeaus. Hinter einer Hecke verläßt man den Radweg *R 13* und biegt links auf den Asphaltweg, der über die Autobahn führt. Am Ortseingang von Kirchherten fährt man rechts in die *Weidgasse*, überquert die Straße *Gottesacker* (*L 277*) und folgt einem Schotterweg. Am Ende des Weges biegt man an einer Pappelhecke links in einen Asphaltweg ein. Vor dem alten roten Backsteinhaus mit Turmspitze zweigt rechts die *Mühlenstraße* ab, die zur Grottenhertener Mühle führt.

Die weithin sichtbare **Grottenhertener Mühle** (95 m) wurde 1831 gebaut und war bis zum Jahre 1964 in Betrieb. Die Flügel der als ›Durchfahrtholländer‹ bezeichneten Turmwindmühle mit drehbarer Haube haben einen Durchmesser von 25 Metern. Nach Voranmeldung beim »Förderverein zur Erhaltung der Grottenhertener Mühle« ist eine Besichtigung der heute noch voll funktionstüchtigen Getreidemühle möglich.

Links vor der Mühle verläuft ein Weg, der später mit einer langen Leitplanke versehen ist. Am Ende hält man sich rechts und fährt (auf der anderen Bachseite) zurück in die Richtung, aus der man gekommen ist. Wo der Asphaltweg aufhört, wird der Radweg *R 18* verlassen. Man biegt in Höhe der Stromleitung links auf den *R 1* in Richtung Halde bzw. Kalrath.

Von der Wegkreuzung aus sieht man eine weitere Windmühle, **die Düppelsmühle**. Sie befindet sich derzeit allerdings in sehr schlechtem baulichen Zustand.

Am Ortseingang von Kalrath liegt rechts ein sehr schöner geschlossener Bauernhof mit Herrenhaus und eigener Kapelle.

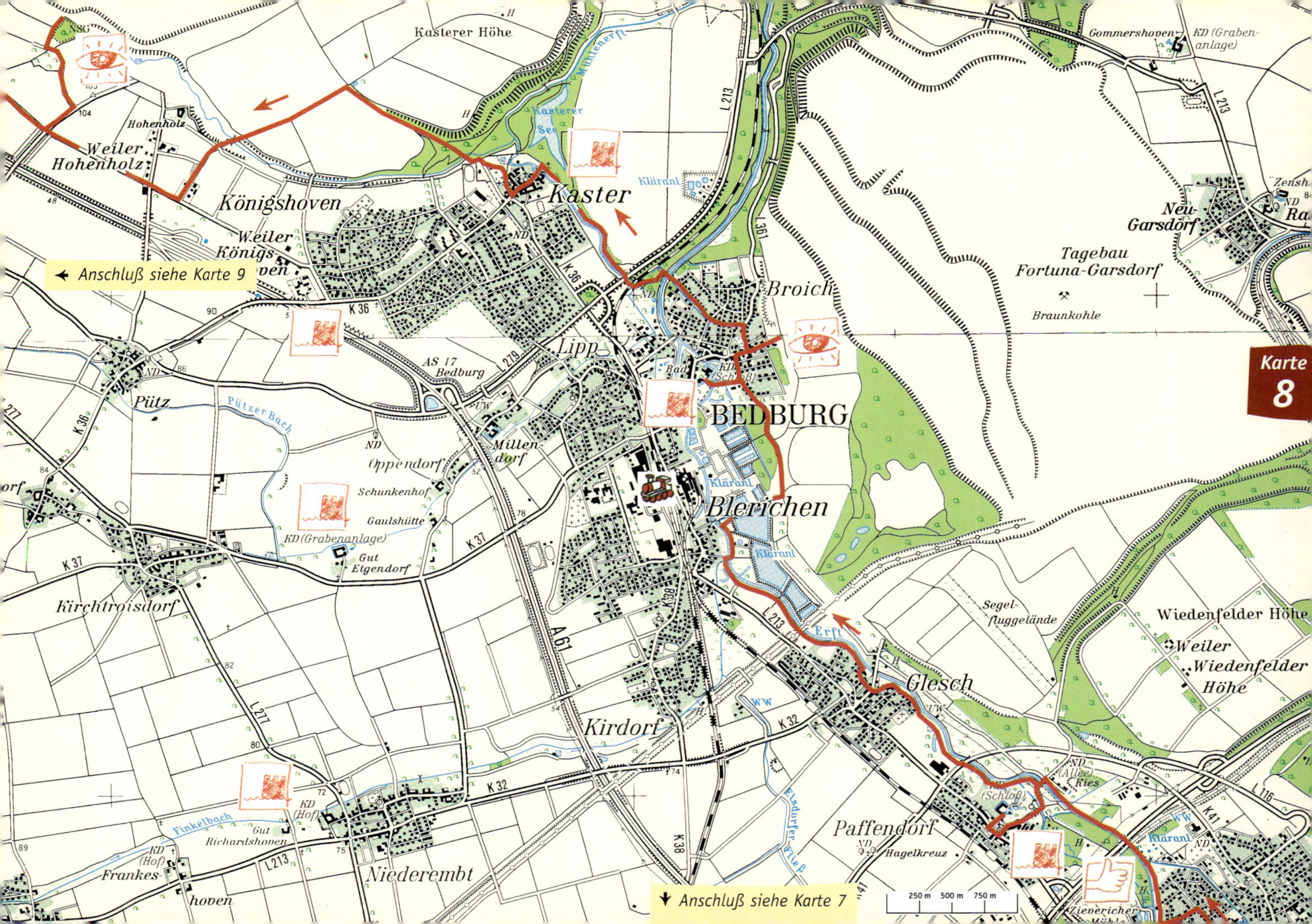

Kasterer Höhe
Gommershoven
KD (Graben-anlage)
NSG
Hohenholz
Kasterer See
Weiler Hohenholz
Kaster
Klärani
Königshoven
Weiler Königshoven
Zensh
Neu-Garsdorf
Ra
Anschluß siehe Karte 9
Broich
Tagebau Fortuna-Garsdorf
Braunkohle
Lipp
Bad
KD (Schloß)
Karte 8
Pütz
Pützer Bach
AS 17 Bedburg
BEDBURG
ND
Millen-dorf
Oppendorf
Schunkenhof
Klärani
Blerichen
Gaulshütte
KD (Grabenanlage)
Gut Elgendorf
Klärani
Kirchtroisdorf
Segel-fluggelände
Wiedenfelder Höhe
Weiler Wiedenfelder Höhe
Erft
Glesch
Kirdorf
Wiedenfelder
Paffendorf
ND (Allee) Ries
(Schloß)
Finkelbach
KD (Hof)
Gut Richardshoven
KD (Hof)
Frankes-hoven
Niederembt
Hagelkreuz
Klärani
Anschluß siehe Karte 7
250 m   500 m   750 m
Zievericher Mühle

Geradeaus geht es jetzt weiter nach Rödingen. Nachdem man die *L 12* und die folgende Straße namens *Mühlenend* überquert hat, zweigt an der nächsten Gabelung die *Händelstraße* links ab. An deren Ende geht es rechts auf der *Hohe Straße* weiter. Schließlich biegt man am *Platz* links in die *Frankenstraße* ein, die zum Ortsteil Höllen führt. Nachdem die *L 213* überquert ist, kommt man auf der *Ehrenstraße* an der Außenstelle Titz des Rheinischen Amts für Bodendenkmalpflege vorbei. An dem markanten Wegkreuz führt der linke Weg über eine Brücke zum Haldenhang.

Der Schotterweg *R 20* rechter Hand trifft nach fünf Kilometern entlang der bewaldeten Halde Sophienhöhe auf die alte Römerstraße. Wer hier eine Pause einlegen möchte, kann weiter geradeaus zum **Café »Sophienhöhe«** fahren. Ansonsten radelt man die Römerstraße rechts herunter und biegt vor dem historischen Meilenstein links ab.

An der nun folgenden Kreuzung zweigt die Wasserburgen-Route rechts ab. Man fährt zunächst über eine Brücke, hält sich an der anschließenden Wegkreuzung halb links und folgt

Bis 1964 war die heute noch voll funktionstüchtige Grottenhertener Mühle in Betrieb

der *Bachfeldstraße* in Richtung des Sendemastes nach Stetternich. Nachdem man die *Wendelinusstraße* überquert hat, geht der Weg rechts versetzt weiter bis zur *Wolfshovener Straße*.

Wer einen **Abstecher** zur ehemaligen Wasserburg Gut Lindenberg unternehmen möchte, biegt hier rechts ab und trifft am Ende auf den *Mühlenweg*, der links zur Burg führt.

Von dem spätmittelalterlichen **Gut Lindenberg** (87 m) waren schon um die Jahrhundertwende kaum mehr als der kleine Rundturm und ein Viereckturm erhalten, die zur einstigen Burg der Herren Palant zu Lindenberg gehörten. Die Hofanlage stammt vermutlich aus dem Jahre 1743, als die Freiherren von Eynatten dem Gut und der vorgelagerten Mühle ihr heutiges Gesicht gaben.

Weiter auf der Wasserburgen-Route: In Stetternich überquert man die *Wolfshovener Straße* und biegt hinter den beiden Bächen Mühlengraben und Elle an der zweiten Pappelreihe links in einen Schotterweg. Nach einem Rechtsknick verläßt man an einer Straßensperre den Weg und fährt links in den **Staatsforst Hambach**. An der zweiten Kreuzung liegt rechts der Zugang zum Forschungszentrum Jülich.

 »Forschung als wesentliches Element staatlicher Vorsorge muß sich an den Grundbedürfnissen der Menschen orientieren« – so steht es in der Informationsbroschüre des **Forschungszentrums Jülich** (50 m), das zunächst Kernforschungsanlage hieß. Die größte der 13 großen Forschungseinrichtungen in Deutschland, die sich heute schwerpunktmäßig mit Umweltfragen beschäftigt, hat rund 4700 Mitarbeiter. Der Zugang ist eingeschränkt, aber für Besuchergruppen auf Anfrage möglich. Außerdem hat man Tage der Offenen Tür eingerichtet.

Die Route führt weiter durch den Staatsforst Hambach. Einen Kilometer hinter dem Waldstück biegt man links in die Straße *Zum Rott* ein. Auf deren Verlängerung, der *Schloßstraße*, liegt auf der linken Seite die Ruine Schloß Hambach.

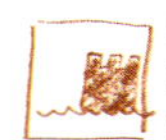 **Schloß Hambach** (90 m) mit seinen zwei halb verfallenen Rundtürmen und dem bewohnten Herrenhaus ist auch als Ruine noch eindrucksvoll, wenngleich sich nicht erahnen läßt, daß es einst den Grafen und Herzögen von Jülich als Regierungssitz diente. 1524 hatten sie die rechteckige, wasserumwehrte Burg neu errichten lassen – ein verheerender Brand in der Pulverkammer hatte die Anlage fast vollständig zerstört. Nach nochmaliger teilweiser Zerstörung nahmen sich die Architekten Alessandro und Massimiliano Pasqualini des Baus an und schufen ein märchenhaft schönes Schloß: Anfang des 18. Jahrhunderts muß es so prunkvoll gewesen sein, daß der Sonnenkönig von Düsseldorf, Kurfürst Jan Wellem, es zu seiner Sommerresidenz erkor. Die letzten 200 Jahre aber blieb das Schloß sich selbst überlassen. Nun will sich eine Bürgerinitiative für den Erhalt stark machen.

Von der *Schloßstraße* zweigt in der Dorfmitte rechts die *Herzogstraße* ab. An der *Bachstraße* hält man sich zunächst links, biegt dann aber hinter der Kirche gleich rechts in die Zufahrt zur Burg Obbendorf ein.

 **Obbendorf** (96 m) ist eine frisch renovierte und sehr schön hergerichtete geschlossene Burganlage mit mächtigem Herrenhaus. Die von einem Wassergraben umgebene eindrucksvolle Anlage fand erstmals im 9. Jahrhundert Erwähnung. Heute beherbergt die Burg einen landwirtschaftlichen Betrieb.

Von der *Bachstraße* aus überquert man rechts die Kreisstraße *K 13* und verläßt auf der *Triftstraße* den Ort Hambach. Hinter dem Friedhof bzw. vor dem Sportplatz führt links ein asphaltierter Weg zur Schnellstraße *L 255n*. Vorsicht beim Überqueren! Anschließend biegt man rechts in einen Feldweg und fährt mehr oder weniger geradeaus, bis rechter Hand eine Brücke über die Schnellstraße in den Ort Niederzier führt. Gleich dahinter zweigt rechts die *Kölnstraße* ab, auf der man in der Ortsmitte die Burg Niederzier erreicht.

 **Niederzier** (100 m) ist ein viereckiger, von einem Wassergraben umgebener Bau. In einem Seitenteil ist das **Karnevalsmuseum** untergebracht. Der Name Niederzier wird urkundlich erstmals 898 als »Curnilo«, später dann als »Cyrin« erwähnt, was als »Zirn« auf die Besitzer der Burg hinweist.
Ab 1526 war die Anlage knapp 400 Jahre im Besitz der Familie von Hochsteden, bis sie 1921 von der Gemeinde erworben wurde. Seither dient sie als Rathaus.

Schloß Hambach war einst Regierungssitz der Grafen und Herzöge von Jülich

Von Niederzier aus gibt es eine alternative Verbindung nach Düren und dort zum sechsten und siebten Streckenabschnitt der Wasserburgen-Route: Von Niedermerz kommend, biegen Sie nicht rechts nach Berg, sondern links Richtung Selhausen ab. Folgen Sie dem Radweg 4 entlang der Rur bis zum Dürener Bahnhof (genaue Beschreibung s. die Broschüre »Radwandern im Kreis Euskirchen«)

Nach einem Besuch der Burg Niederzier folgt man links der *St. Cecilia Straße* bis die *Ellbachstraße* rechts hinaus auf die Felder führt. An der Wegkreuzung endet der Asphaltweg. Hier biegt man rechts ab und erreicht die Ortschaft Berg. Bis nach Krauthausen gibt es auf der linken Seite der Landstraße einen Radweg! Hinter der Bahnlinie liegt rechter Hand der Bahnhof der Rurtalbahn. Die *Pierer Straße* führt weiter durch den Ort bis zur Ampel. Hier kann die *B 56* gefahrlos überquert werden.

Direkt vor der nun folgenden Brücke geht es rechts hinunter zur Rur und auf den Rurufer-Radweg, der rechts bis nach Altenburg führt. Wenn er die Rur schließlich verläßt, hält man sich an der nächsten Weggabelung links und biegt bei nächster Gelegenheit wiederum links in die *Van-Gils-Straße* ein. Nun muß die *B 56* erneut überquert werden, 100 Meter weiter zweigt dann rechts die *Waldstraße* ab. Das Systeminstandsetzungs-Zentrum der Bundeswehr wird links umfahren. An der Straßengabelung bleibt man links auf dem Radweg, um nach 200 Metern rechts in eine kleine Straße abzubiegen. In der nächsten Kurve erreicht man in Jülich-Lorsbeck die *L 253*.

Um der Burg Haus Lorsbeck noch einen Besuch abzustatten, hält man sich links und fährt neben der Straße bis zu einem Bahnübergang. Über einen Schotterweg mit kleinem Parkplatz radelt man geradeaus weiter: Auf der anderen Seite des Baches »Mühlenteich« führt der Feldweg rechts am Gut Lorsbeck vorbei zum Haus Lorsbeck.

Haus Lorsbeck (90 m) ist eine derzeit unbewohnte Hofanlage mit schlichtem Herrenhaus aus Backstein und integriertem Turm. Der vorbeifließende Bach mit dem Namen »Mühlenteich« ist als Naturdenkmal ausgewiesen. Vor der Grundwasserabsenkung durch den Tagebau war diese Gegend ausgesprochen sumpfig – das gab den Burgbewohnern seinerzeit einen zusätzlichen Schutz vor Angreifern.

Fahrradfahrer, die nach Jülich möchten, fahren rechts auf den Radweg neben der *L 253*, bis sie zu einem Kreisverkehr kommen. Von hier bieten sich zwei Möglichkeiten: Wollen Sie zum Bahnhof, fahren Sie am Kreisverkehr auf der *Oststraße* geradeaus weiter und biegen dann links zur Innenstadt ab. Am Ende der *Dürener Straße* liegt der Bahnhof auf der linken Seite.

Wer die Innenstadt von Jülich umfahren möchte und gleich den Anschluß an die nächste, vierte Tour sucht, der hat eine unbeschilderte Alternative: Am Kreisverkehr fahren Sie links auf dem Schotterweg entlang des Zauns der Jülicher Zuckerfabrik bis zu einem Werkstor. Hier biegen Sie links in die *Rübenstraße* ein. Diese unterquert die *B 56* und wird dann zur *Gereonsstraße*. Nach einer Rechtskurve trifft sie hinter einer Fußgänger-Unterführung auf den Rurufer-Radweg.

Wer Zeit hat, unternimmt von hier aus noch vielleicht noch eine Fahrt in die Jülicher Innenstadt, sieht sich die Zitadelle an oder besucht das Gelände der Landesgartenschau.

Auf dem Westring (*B 56*) fahren Sie rechts herum bis zu einer Ampel: Biegen Sie hier links ab, führt Sie nun die Wasserburgen-Route bis nach Aachen.

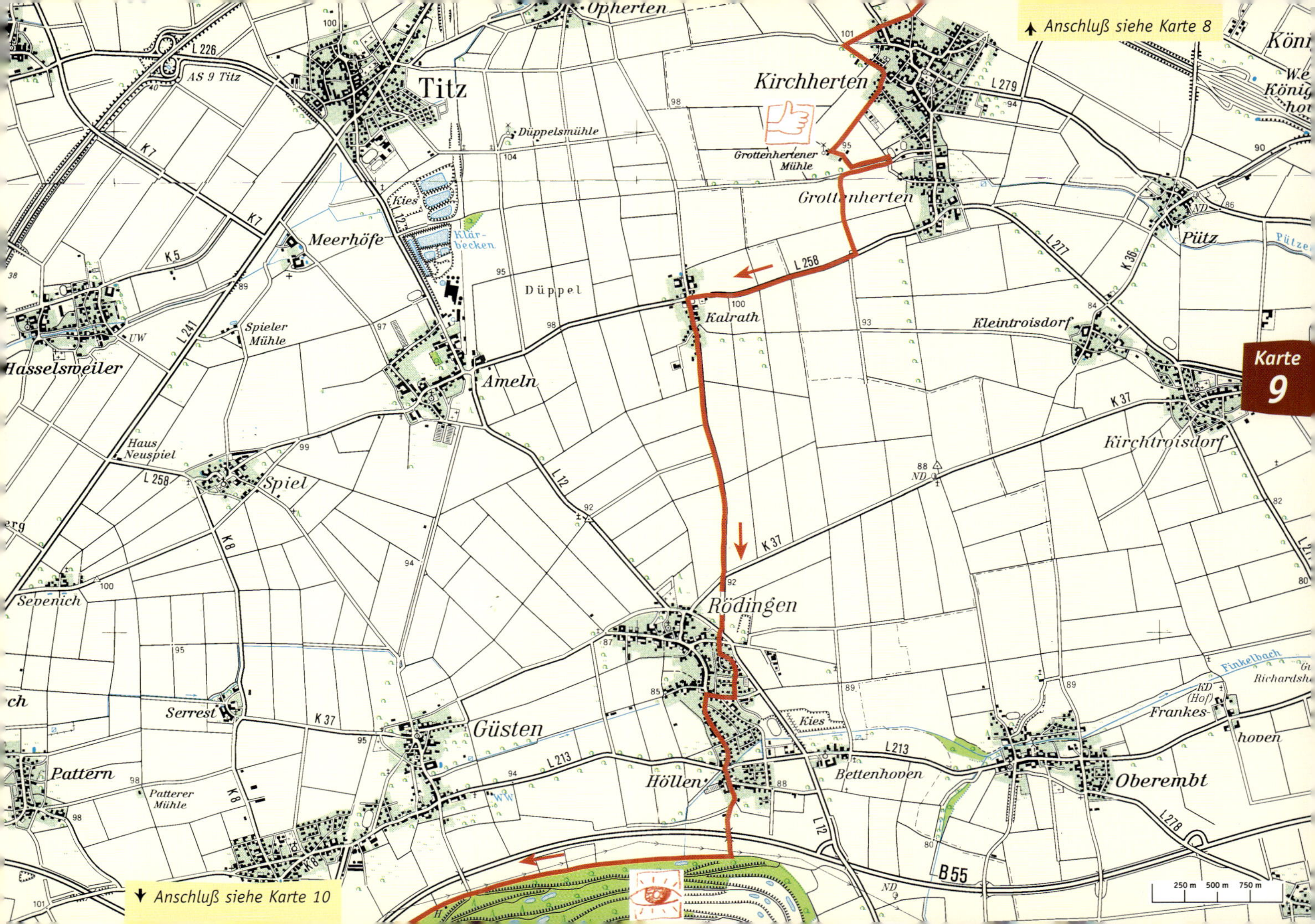

Opherten
Anschluß siehe Karte 8
Könn
We
König
hou
L 226
AS 9 Titz
Titz
Kirchherten
L 279
Düppelsmühle
Grottenhertener Mühle
Grottenherten
ND
Pütz
Pütze
Kies
Klär-becken
Meerhöfe
L 277
K 36
L 258
Düppel
Kalrath
Kleintroisdorf
Spieler Mühle
Ameln
Hasselsweiler
UW
L 241
Karte
9
Haus Neuspiel
Kirchtroisdorf
L 258
Spiel
L 12
K 37
ND
erg
Sevenich
K 37
Rödingen
Finkelbach
Richardsh
Serrest
Güsten
Kies
Frankes-
hoven
Pattern
L 213
Bettenhoven
L 213
Oberembt
Patterer Mühle
Höllen
L 12
B 55
ND
Anschluß siehe Karte 10
250 m 500 m 750 m

Die Landesgartenschau Jülich aus der Vogelperspektive

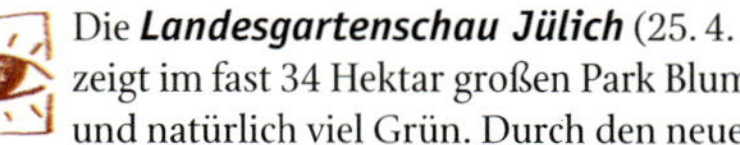

Die **Landesgartenschau Jülich** (25. 4. – 4. 10. 98) zeigt im fast 34 Hektar großen Park Blumen, Gärten und natürlich viel Grün. Durch den neuen Stadtgarten vor dem historischen Brückenkopf zieht sich ein breites Band aus Stauden; ein Blütenmeer aus hundertausenden Blumen, die je nach Jahreszeit die Farben wechseln. Im Frühjahr stehen Gelb und Orange im Vordergrund, im Sommer dominieren Blautöne, und im Herbst färben sich die Blüten von Dunkelgelb über Violett bis zu intensivem Rotbraun. Von dieser Pracht kann man sich ganz aus der Nähe verzaubern lassen, denn kleine Wege führen direkt an den Blüten vorbei. Auch im Gewächshaus in der Südbastion und in den geschichtsträchtigen Gewölben des Denkmals werden Blumenschauen geboten. 163 Schautage gibt es insgesamt; regelmäßig wechseln die zwölf Veranstaltungen ihr Thema, damit die Vielfalt des Blütenkalenders in allen floristischen Facetten erlebbar wird. Zu den Highlights in der Blumenhalle gehören sicherlich die Rosenschau, die Orchideenschau sowie die Erntedankschau mit Obst, Gemüse und Blumen.

Ferner kann man sich in den Gärten am Lindenrondell Anregungen und Tips für die Gestaltung des heimischen ›grünen Wohnzimmers‹ holen. Außerdem bieten Profis individuelle Beratungen an. Faszinierend für Kinder und Leckermäulchen dürften schließlich die Streuobstwiese und besonders der »Flieg-Flatter-Summ-Garten« in Form eines Käfers vor dem Brückenkopfzoo sein.

Service

Information

Bonn: Tourismus und Kongreß, *Friedrich-Ebert-Allee 26, Tel: 02 28/910 41-0* · **Bad Münstereifel: Eifel-Touristik NRW e.V.,** *Tel: 022 53/60 75* · **Bergheim: Stadtverwaltung,** *Bethlehemer Str. 9–11, Tel. 022 71/89–487* · **ADFC Erftkreis,** *Reutergasse 8, Tel: 022 71/521 09* **Bedburg: Stadtverwaltung,** *Am Rathaus 1, Tel: 022 72/402–0* · **Gemeinde Niederzier:** *Verwaltung, Rathausstr. 8, Tel: 024 28/84–0* · **Stadt Jülich: Kultur- und Verkehrsamt,** *Marktplatz 1, Tel: 024 61/63–0*

Kaiser-Route, *Fernwanderradweg von Aachen über Bergheim nach Paderborn* · · **Bergheim: Radwanderwege,** *Infos über Kulturbüro, Tel: 022 71/896 09* · *Bedburg: Stadtplan mit Radwanderwegen, Tel: 022 72/402–0* · *Jülich: Rurufer-Radweg* **Radkarte des Erftkreises,** *Tel: 022 71/63–0* ·

Bahn

Zentralauskunft: *Tel: 02 21/194 19* · **Bergheim:** *Bahnhofstraße · Quadrath-Ichendorf, Frenser Straße* · **Bedburg:** *(Richtung Düsseldorf-Neuss-Köln), Bahnstraße · Rurtalbahn, Tel: 024 21/39 01–0* · **Gemeinde Niederzier:** *Rurtalbahn, Bahnhof Krauthausen, Bahnhof Huchem-Stammeln, Tel: 024 21/39 01–0* · **Jülich:** *Dürener Kreisbahn, Tel: 024 21/39 01 40,*

Rad & Hilfe

Bergheim: *Zweirad Blauel, Kirchstr. 16, Tel: 022 71/434 66* · *Kölnerstr. 11–13, Tel: 022 71/434 19* **Bedburg:** *Bautz und Klinkhammer, Lindenstr. 14, Tel: 022 72/57 89* · *Autohaus Heinen, B.-Königshoven, Heidklift 7, Tel: 022 72/68 10*

(Rad-)Taxi

Bergheim: *Tel: 022 71/421 16* · *B.-Paffendorf, Tel: 022 71/511 22* · *Quadrath-Ichendorf, Tel: 022 71/942 42*

Burg/Schloß

23 Anlagen *max. 3 km von der Hauptroute entfernt* · **mind. 35 Anlagen** *max. 10 km von der Hauptroute entfernt*

Sehenswürdigkeiten/Kultur

Bergheim: *Aachener Tor, Stadtbefestigung, Georgs Kapelle, Infos über Kulturbüro, Tel: 02271/896 09* · *Informationszentrum Rheinbraun auf Schloß Paffendorf, Tel: 022 71/422 32* · **Bedburg:** *Schloß Bedburg, Graf-Salm-Str 34, Ausstellungen und Veranstaltungen, geöffnet an Wochenenden, Restaurant Schloßkeller, Tel: 022 72/402–0* · *Grottenhertener Windmühle, Besichtigung nach Voranmeldung, Tel: 024 63/38 47* · *Lucien Rosengart Automobilmuseum, B.-Rath, Lucien-Rosengart-Weg 1, geöffnet am Wochenende und nach Vereinbarung, Tel. 021 83/73 15* · · **Gemeinde Niederzier:** *Karneval-Museum, Rathausstr.8, Tel: 02428/84–0*

Touren-Tips

Bedburg: *Historischer Ortskern von Alt-Kaster, viele Restaurants* · **Gemeinde Niederzier:** *Braunkohle-Tagebau Hambach, Rheinbraun AG*

Schwimmbäder: *Bergheim: Sportpark-Freibad, Sportparkstr., Tel: 022 71/637 92* · *Hallenbad Bergheim, Kennedystr. 8, Tel: 022 71/411 11* · *Oleanderbad-Freibad, Quadrat-Ichendorf, Auf der Helle, Tel: 022 71/945 07* · *Bedburg: Freibad Bedburg, Erftstr. 15, Tel: 022 72/43 27, Hallenbad, Bedburg-Kaster, Harffer Schloßallee 3, Tel: 022 72/38 21*

Herausragend in Farbe und Form: die Alsdorfer Burg

Tour 4: Bilder einer Landschaft zwischen Kultur und Industrie

Strecke: *Stadt Jülich – Gemeinde Aldenhoven – Stadt Würselen – Stadt Alsdorf – Stadt Herzogenrath – Stadt Aachen (nördliche Zufahrt)* · **Länge:** *ca.55 km* · **Highlights:** *Landesgartenschau Jülich, Braunkohle-Tagebau Inden, Wasserburg Haus Kambach, Wurmtal mit Burg Wilhelmstein, Forum Ludwig*

Die vierte Etappe wartet mit einer kontrastreichen Landschaft und zahlreichen Wasserburgen auf. Neben einem Abstecher nach Barmen führt diese Strecke durch das ehemalige Steinkohlerevier und mitten durch den Braunkohle-Tagebau Inden. Die Fahrt verläuft ohne nennenswerte Steigungen – lediglich am Aachener Stadtrand, beim Verlassen des Wurmtals, muß ein kurzes Stück geschoben werden. Dieser landschaftlich besonders reizvolle Abschnitt mit seinem empfehlenswerten Abstecher nach Herzogenrath und Kerkrade gibt Zeugnis ab vom notwendig gewordenen, aber noch nicht abgeschlossenen Strukturwandel: der Entwicklung vom Revier zum modernen Kultur- und Dienstleistungszentrum.

 Der Ausgangspunkt, die 2000 Jahre alte, an der Rur gelegene Kleinstadt **Jülich** (83 m), ist als ›Juliacum‹ am Knotenpunkt mehrerer römischer Straßenverbindungen entstanden. Über Jahrhunderte war sie Residenz der Grafen und Herzöge von Jülich. Im 16. Jahrhundert wurde sie nach einem Brand als fünfeckige Idealstadtanlage ausgebaut. Obwohl Jülich im Zweiten Weltkrieg vollständig zerstört wurde, blieben einige Baudenkmäler der Stadtgeschichte erhalten, so Teile der Stadtmauer mit Hexenturm und Aachener Tor, der Brückenkopf, die Zitadelle sowie ein Teil des Kapellenflügels vom Jülicher Schloß.

Wer vom Bahnhof Jülich kommt, fährt rechts die *Bahnhofstraße* entlang , die am Bahnübergang links abknickt. Am Ende biegt man rechts in die *Große Rurstraße* und folgt nach ca. 200 Metern linker Hand der in der *Kölnstraße* liegenden Fußgängerzone. Die Strecke führt rechts über den Schloßplatz, weiter über die **Pasqualinibrücke**, die den Festungsgraben überspannt, und zur Jülicher Zitadelle.

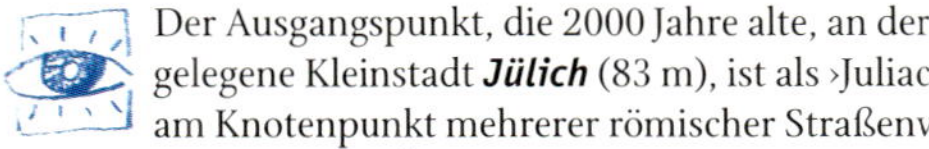 Am 30. 4. 1549, so wissen die Geschichtsbücher zu berichten, erfolgte die Grundsteinlegung für ein ehemals geschlossenes, vierflügeliges Renaissance-Schloß durch den italienischen Baumeister Alessandro Pasqualini. Besonders die Hofkapelle gilt in architektonischer Hinsicht als einmaliger Bau. Das herzögliche Schloß mit den quadratischen Flankentürmen ist in die **Jülicher Zitadelle** eingebunden, eine Festungsanlage mit vier vorspringenden Bastionen.

Nach dem Verlassen der Zitadelle durchquert man den Schloßpark und biegt rechts in die *Düsseldorfer Straße* ein. Vom *Propst-Bechte-Platz* geht es links auf der *Aachener Straße* immer geradeaus weiter.
Man überquert die Rur und befindet sich vor dem Gelände der Landesgartenschau.

4

Die Jülicher Zitadelle ist ein eindrucksvoller Renaissancebau in italienischem Stil

Während der **Landesgartenschau** wird die Durchfahrt durchs Gelände vermutlich mit einem Eintrittsgeld verbunden sein. Der sehenswerte Brückenkopf ist eine Napoleonische Festungsanlage aus dem ausgehenden 18. Jahrhunderts. Damals – zur Zeit der französischen Herrschaft in der Rheinprovinz – wurde aus Jülich für 20 Jahre »Juliers«.

Der von Heimbach über Düren und Jülich verlaufende Rurufer-Radweg setzt sich in nordwestlicher Richtung fort und bindet die Wasserburgen-Route der Rheinischen Bucht über Linnich, Hückelhoven und Heinsberg an den Niederrhein mit seinem verzweigten Radwegenetz mit Römer-Route, Via Romana oder Herrensitz-Route an.

Nicht nur bei Badewetter lohnt sich von Jülich aus ein Abstecher nach Barmen zum Baggersee. Auch das Schloß Kellenberg und das Haus Overbach laden zu einem Blick über den Wassergraben ein. Über die *Rurauenstraße* verläßt man das Gelände der Landesgartenschau und fährt unter der Autobahn hindurch bis in den Ortsteil Koslar. Unmittelbar nachdem man die Bahntrasse überquert hat, biegt man rechts in die Kreisbahnstraße. Nach ca. 500 Metern zweigt links die *Lobsgasse* ab. Diese durchradelt man und hält sich dann rechts, bis an der Straßengabelung links die schmale *Theodor-Heuss-Straße* abzweigt. Vorsicht beim Überqueren der Kreisstraße am Ortsende!

Links folgt man dem Radweg nach Barmen, biegt rechts in die erste abzweigende Straße namens *Gansweid* ein und fährt gleich hinter dem Bach links weiter. Das ehemalige Wasser-

schloß Haus Overbach, in dem sich heute ein Kloster mit Schule und Internat befindet, ist erreicht.

Ursprünglich war **Haus Overbach** (73 m) eine typische zweiteilige Wasserburg. An das Herrenhaus der ehemaligen Burg, einen massiven Ziegelbau aus der Zeit um 1800, schließen sich heute weitläufige moderne Bauten an, die nach den Weltkriegen anstelle der abgetragenen Vorburg errichtet wurden. Die Oblaten des hl. Franz von Sales unterhalten hier ein Gymnasium mit etwa 700 Schülern. Sehenswert ist die nahe Kirche **St. Martinus** mit dem flandrischen Schnitzaltar und dem sogenannten Apostelbalken aus dem Jahr 1545.

Nach Verlassen des Schulgeländes biegt man zweimal hintereinander links ab und kommt so zurück auf die *Gansweid*. Man fährt an der **Overbacher Mühle** vorbei und hält sich am Ende des Waldes – hier liegt ein Naturschutzgebiet – links. Der Weg führt durch eine Straßensperre hindurch. Auf dem *Steinweiher* fährt man bis zur *Seestraße*, die rechter Hand zum Badesee führt.

Während das Baden in dem durch den Kiesabbau entstandenen **Baggersee** nur teilweise gestattet ist, bietet das **Freibad** alle Annehmlichkeiten für einen schönen Sonnentag. Der Ort Barmen wird bereits 893 im »Prümer Urbar« erstmals erwähnt: »Der Hofbezirk neben dem Herrenland in Baal 6 Güter (Mansen), in Berg 3 Güter und in Obbendorf 1 Gut, zwischen Ellen und Berg ein Wald, um 300 Schweine zu mästen, in Barmen 1 Kirche mit 3 Gütern, die unbesetzt sind«.

Brückenkopf auf dem Gelände der Landesgartenschau: Teil der Napoleonischen Festungsanlage

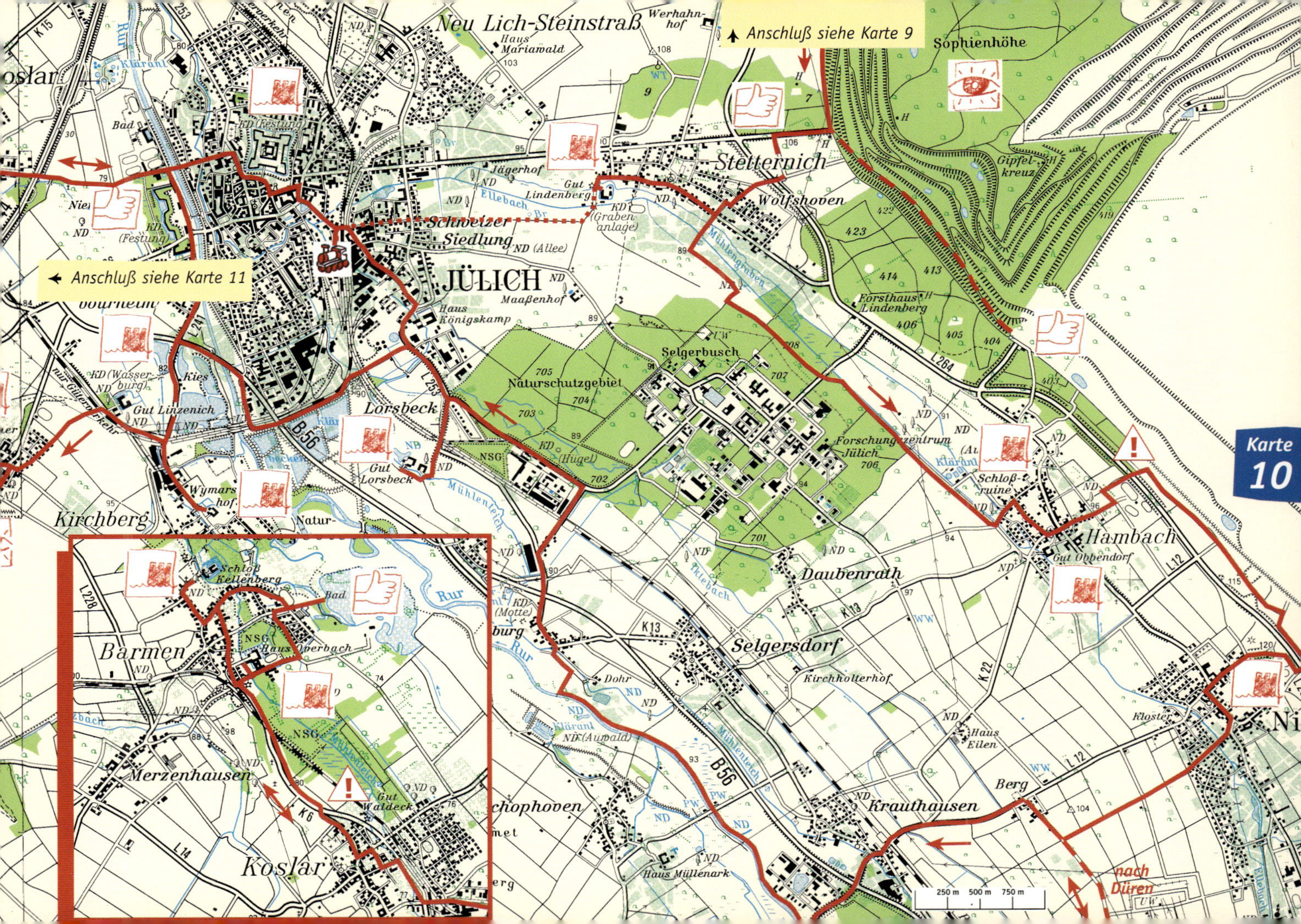

Neu Lich-Steinstraß
Werhahnhof
Anschluß siehe Karte 9
Sophienhöhe
Haus Mariawald
Gipfelkreuz
Stetternich
Wolfshoven
Jägerhof
Gut Lindenberg
Schweizer Siedlung
Forsthaus Lindenberg
Anschluß siehe Karte 11
JÜLICH
Maaßenhof
Haus Königskamp
Selgerbusch
Naturschutzgebiet
KD (Wasserburg)
Kies
Gut Linzenich
Lorsbeck
Forschungszentrum Jülich
Gut Lorsbeck
NSG
KD (Hügel)
Schloßruine
Hambach
Gut Obbendorf
Kirchberg
Wymarshof
Natur-
Daubenrath
Schloß Kellenberg
Bad
Selgersdorf
Barmen
Haus Overbach
Dohr
Kirchholterhof
NSG
Merzenhausen
Kloster
Gut Waldeck
Haus Eilen
Koslar
Berg
Krauthausen
Haus Müllenark
nach Düren
250 m 500 m 750 m
Karte 10

Um zum Schloß Kellenberg zu kommen, fährt man an der Kreuzung *Auenweg/Seestraße* links auf die *Tuchbleiche*. Auf der *Lankenstraße* geht es weiter geradeaus bis zur Schützenhalle. Hier biegt man rechts in den *Steinweg*.

Kellenberg (70 m) ist ein beeindruckendes Wasserschloß mit ehemals spätmittelalterlichen Bauten, die im 18. und 19. Jahrhundert allerdings verändert und erweitert wurden. Die Ursprünge liegen zur Zeit der Jahrtausendwende, in der auch die Burgen in Overbach, Merzenhausen, Floßdorf und Engelsdorf entstanden sind. 1638 wurde die Burg von Jan von Werth erworben, der es bekanntlich während des 30jährigen Krieges vom einfachen Knecht zum geadelten Feldherrn brachte. Durch einen Brand wurde das im 19. Jahrhundert im klassizistischen und neugotischen Stil umgebaute Schloß vor einigen Jahren schwer beschädigt – es soll aber wieder renoviert werden.

Wer nicht nach Barmen möchte, verläßt jetzt rechter Hand vom Brückenkopf das Gelände der Landesgartenschau. Auf der *Kirchberger Straße*, die auf der linken Seite der Rur verläuft, fährt man weiter bis zu einer großen Kreuzung mit Ampelanlage. Hier wird die *B 56* überquert. Auf der linken Seite der Straße geht es anschließend auf einem Radweg weiter. Nach etwa 500 Metern trifft man auf eine Bahnlinie.

Radfahrer, die sich für den folgenden Abstecher zum Wymarshof entschieden haben, fahren hier auf der *Wymarstraße* einfach weiter geradeaus: Schon nach wenigen hundert Metern sehen Sie auf der linken Seite die Zufahrt zur nächsten Wasserburg.

Eingebettet in die Ruraue und von altem Baumbestand verdeckt liegt der auch als Haus Kirchberg bezeichnete **Wymarshof** (85 m), eine einfache Wasserburg aus dem 16. Jahrhundert. Das Herrenhaus, ein zweigeschossiger Backsteinbau mit charakteristischen Treppengiebeln, wird von dem mittelalterlich anmutenden Turm mit Zinnenkranz bestimmt, der allerdings erst um 1900 errichtet wurde. Von den ehemals weitläufigen Wassergräben sind die meisten verlandet.

Weiter auf der Wasserburgen-Route: Der Hauptweg zweigt vor dem Bahnübergang rechts auf die Landstraße (*L 14*) ab. Gegenüber der roten Backstein-Kapelle liegt das von der Straße aus bereits gut sichtbare Gut Linzenich.

Im Zweiten Weltkrieg wurde die im 13. Jahrhundert erstmals erwähnte **Wasserburg Linzenich** (82 m) fast vollständig zerstört. Von der einstigen Anlage mit Herrenhaus und eingebundenem Wohnturm sind lediglich das Pächterhaus und ein Teil der ursprünglich mehrflügeligen Vorburg als Wohnhaus wieder hergerichtet worden. Diese Gebäude liegen inmitten eines großen Parks, von Wassergräben umgeben. Gegenüber befindet sich die zur Burg gehörende kleine Schloßkapelle. Über den breiten Wassergraben hinweg ist die gesamte Anlage von der Straße aus gut einsehbar.

An der Burgkapelle führt der *Linzenicher Weg* über die Bahngleise nach Bourheim. Am Ende der Straße, die jetzt *Am Schloß* heißt, biegt man rechts in die *Adenauerstraße*, um gleich wieder links den *Anneberg* hinunterzufahren. Auf dem großen Platz *An der Maar* biegt man rechts ab und erreicht – noch einmal rechts – die Zufahrt zur Burg Bourheim.

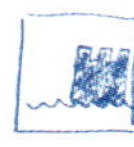 **Bourheim** (110 m) ist eine der ältesten Wasserburgen im Jülicher Raum. Von der Hauptburg sind durch einen Einsturz um 1800 nur noch Ruinen übriggeblieben, die Vorburg mit neueren landwirtschaftlichen Gebäuden ist dagegen noch eine vollständige Anlage. Heute geht hier ein Tierpräparator seinem Geschäft nach. Vom einstigen Burggraben ist nur ein größerer Weiher erhalten. Vom benachbarten Fronhof wird berichtet, daß der Ritter Aemilius von Ouwe im Jahre 1234 dem **Kloster Wenau** (s. Tour 5) 18 Schilling an jährlichen Einkünften vermachte, von denen seine Schwester, die dort Nonne war, bis zu ihrem Lebensende eine halbe Mark erhielt.

Schräg gegenüber auf der anderen Seite des Platzes fährt man am Bourheimer Hof vorbei linker Hand den *Pützberg* hoch. Auf dem Berg angekommen, biegt man rechts in die *Adenauerstraße* ein. Wenige hundert Meter später blickt man von der begehbaren Aussichtsplattform aus in den Braunkohle-Tagebau Inden.

Der **Aussichtspunkt Inden** (115 m) bietet den direkten Einblick in den jüngsten Abschnitt des Tagebaus. In Richtung Inde-Tal wird sich der Abbau weiter ausbreiten; hierfür ist die Umleitung des Flusses geplant. Unmittelbar vor dem Aussichtspunkt geht es abwärts in die Grube. Am Horizont liegt das gewaltige Braunkohle-Kraftwerk Weisweiler.

Von der Aussichtsplattform kommend, biegt man vor dem ersten Haus links in den Feldweg *Am Ehrenmal*. Diesem folgt man bis ins Tal und fährt dann geradeaus auf dem asphaltierten Feldweg den Hang hinauf. Von hier aus hat man noch einmal eine gute Sicht über Tagebau und Kraftwerk. Neben dem Grubenrand geht es dann auf einem Schotterweg weiter. Auf der nächsten Anhöhe biegt man rechts in Richtung Asphaltstraße ab.

Gleich hinter dem Gebüsch setzt man auf dem schmalen, von Hecken gesäumten Radweg die Fahrt nach Aldenhoven entlang der ehemaligen Bahnstrecke fort. Bei starkem Regen kann es passieren, daß der nur mit einer Schotterdecke versehene Weg nicht befahrbar ist. Für diesen Fall besteht die Möglichkeit, auf die parallel laufende *Industriestraße* auszuweichen.

Verschnaufpause im Grünen

Radler, die einen Abstecher zum **Gut Köttenich** und/oder zur **Engelsdorfer Burg** machen möchten, biegen in Aldenhoven in die *Marktfestestraße* ein und fahren bis zum Markplatz (hält man sich hier geradeaus, kommt man zur **Gnadenkapelle.** Ein kurzer Besuch empfiehlt sich wegen der bemerkenswerten Architektur der Kirchtürme, die schon von weitem Neugierde wecken). Gut Köttenich erreicht man, indem man vom Marktplatz rechts in die Straße *An der Bleiche* abbiegt. Am Ende liegt linker Hand die ehemalige Wasserburg Köttingen.

Offiziell heißt die im Jahre 1429 erstmals urkundlich erwähnte **Wasserburg** Köttingen **Gut Köttenich** (100 m). Der Wassergraben und die durch Kriegseinwirkungen stark in Mitleidenschaft gezogenen Gebäude stammen aus dem 16. Jahrhundert. Die Burg war in früherer Zeit eines der ›Manngüter‹ des Kölner Domstifts. Gegenüber der Wasserburg lag übrigens einmal die Burg Aldenhoven – ein geschichtsträchtiger Ort also, an dem sich zur Römerzeit gleich drei Straßen kreuzten.

Die ältesten archäologischen Funde gehen zurück bis zur Rössener Kultur (4000 v.Chr.)! Das jetzige Gut Köttenich soll einmal in ein Altenheim integriert werden.

Ein lohnenswerter **Abstecher** zu zwei höchst unterschiedlichen Wasserburgen führt vom Gut Köttingen aus über den *Engelsdorfer Weg* links aus dem Ort heraus, über die Umgehungsstraße und unter der Autobahn her. Nach eineinhalb Kilometern haben Sie die Ortsmitte von Engelsdorf erreicht. Hier zweigt links eine Straße ab, die über den Merzbach führt.

 Rechter Hand liegt die **Engelsdorfer Burg**, ein weiteres interessantes Gemäuer der Gemeinde Aldenhoven. Die ehemalige Wasserburg (99 m) dürfte wohl um die Jahrtausendwende gleichzeitig mit den Burghäusern zu Barmen, Overbach und Merzenhausen entstanden sein. Die heutige l-förmige Anlage mit rundem Eckturm und den Resten eines viereckigen, wuchtigen Wehrturms stammt aus der Zeit um 1525. Die Vorburg geht auf das 18. Jahrhundert zurück. Vor 100 Jahren war das erhöhte Anwesen noch ganz von Wasser umgeben.
Die inzwischen weitgehend zugeschütteten Gräben der Engelsdorfer Burg wurden früher aus dem Merzbach gespeist. Die Anlage ist von allen Seiten gut einsehbar.

Großer Abstecher: Von hier aus haben Sie die Möglichkeit, auf unbeschilderten Wegen über Gut Frauenrath zur sehenswerten **Burg Dürboslar** (Beschreibung s. u.) zu fahren. Von dort geht es dann zurück nach Aldenhoven. Damit Sie planen und Ihre Kräfte einteilen können: Diese schöne Extratour hat eine Länge von etwa sieben Kilometern.

In Aldenhoven fährt man über den Markt zurück zur Wasserburgen-Route. An der nächsten Kreuzung befindet sich auf der linken Seite der *Pützdorfer Straße* – am Rande des Römerparks – das **Industriedenkmal »Förderrad«** mit einer Seilscheibe. Sie stammt vom Schacht I der ehemaligen Steinkohlengrube Emil Mayrisch, die 1992 geschlossen wurde.

 **Aldenhoven** hat sich als ehemalige typische Bergarbeitergemeinde im Bereich der *Knappenstraße* einen Hauch von Ruhrgebiet bewahrt.
Ein kurzer Besuch empfiehlt sich auch wegen der Gnadenkapelle, mit ihrer bemerkenswerten Kirchturm-Architektur. Der Name Aldenhoven ist im Pariser Triumphbogen unter der Jahreszahl 1794 in der Liste der Schlachten aufgeführt, aus denen Napoleons Truppen siegreich hervorgegangen waren.

Weiter auf der Wasserburgen-Route: Wer auf den oben beschriebenen Abstecher über Gut Köttenich und Engelsdorfer Burg verzichtet hat, kann auf der Hauptroute zumindest den lohnenswerten Besuch der Burg Dürboslar nachholen: Sie fahren auf dem mit Hecken gesäumten Radweg entlang der Bahntrasse weiter, bis Sie auf die *Kapuzinerstraße* treffen. An der großen Kreuzung überqueren Sie rechts die Bundesstraße. Auf dem Feldweg, der unter der Autobahn herführt, geht es geradewegs nach Dürboslar. Unterwegs sieht man am Horizont die zahlreichen Halden, die aus der Zeit stammen, als hier Steinkohle gefördert wurde. Im Ort angekommen, biegt man rechts ab und fährt kurz darauf links in die *Burgstraße*, die zum Anwesen führt.

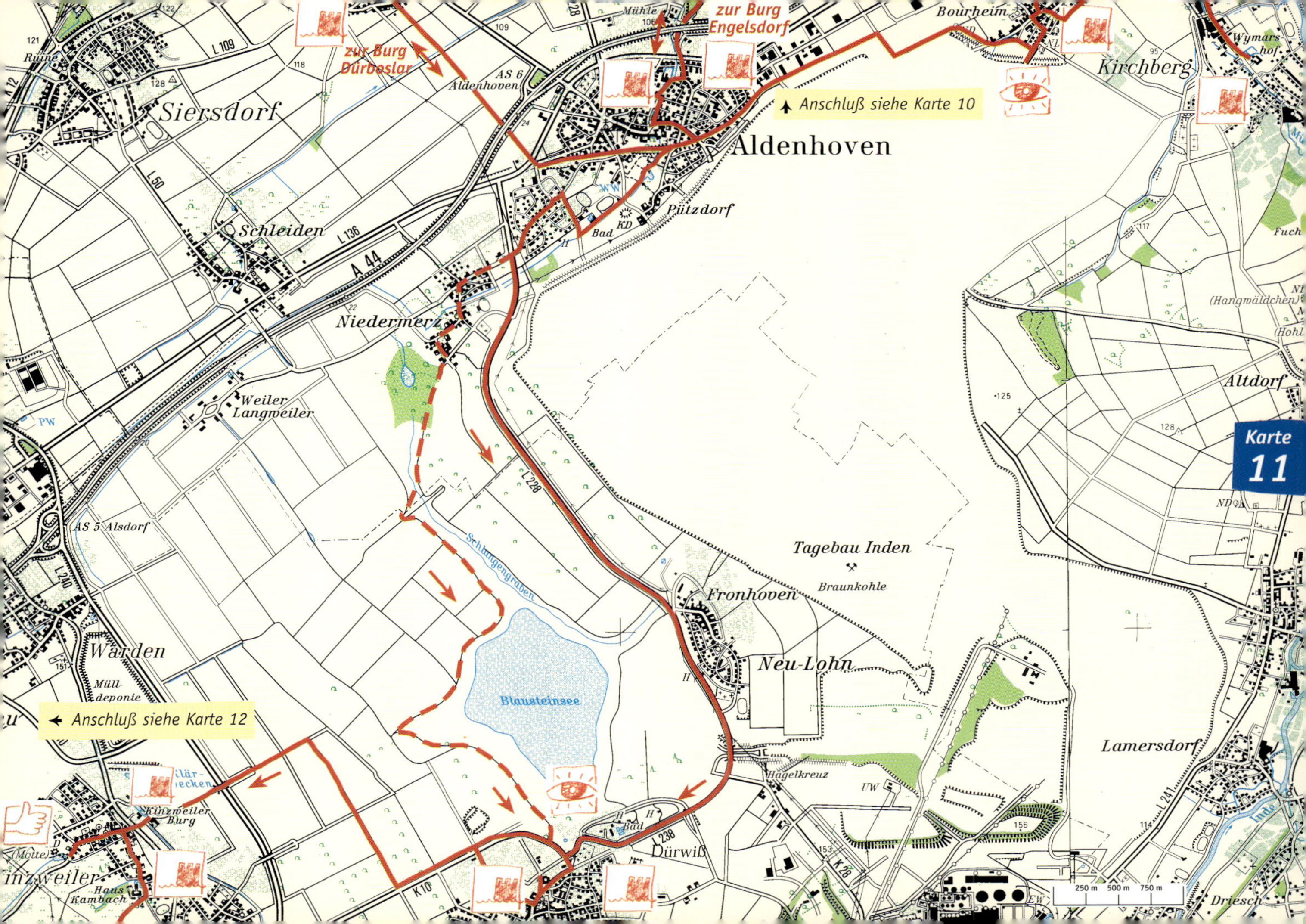

Siersdorf
Ruine
L 109
L 50
Schleiden
L 136
A 44
Niedermerz
Weiler Langweiler
PW
AS 5 Alsdorf
L 240
Warden
Müll-deponie
zur Burg Dürbeslar
AS 6 Aldenhoven
Mühle
zur Burg Engelsdorf
Bourheim
Kirchberg
Wymars-hof
Anschluß siehe Karte 10
Aldenhoven
Pützdorf
Bad KD
L 228
Tagebau Inden
Braunkohle
Fronhoven
Neu-Lohn
Altdorf
Karte 11
Schlangengraben
Blausteinsee
Anschluß siehe Karte 12
Kinzweiler Burg
Haus Kambach
inzweiler
Hügelkreuz
UW
Lamersdorf
Inde
K 10
Dürwiß
Bad
238
K 20
Driesch
EW
250 m 500 m 750 m

 **Burg Dürboslar** (110 m) ist eine bestens hergerichtete Wasserburganlage mit Herrenhaus und zwei Türmen, einer davon entstand in der Renaissance. Die Anlage geht auf ein fränkisches Königsgut zurück. Dürboslar wird erstmals in einer Urkunde aus dem Jahre 898 erwähnt, als Zwentibold von Lothringen, Sohn des deutschen Kaisers Arnulf von Kärnten, dem Frauenkloster in Essen einige Königshöfe des Jülicher Landes schenkte. Nach abwechslungsreicher elfhundertjähriger Geschichte ist die Burg seit 1960 in Privatbesitz und beherbergt einen landwirtschaftlichen Betrieb.

 Für Geschichts-Interessierte bietet der nächste Ort, **Siersdorf**, etwas Besonderes. Hier befinden sich die Überreste einer **Kommende des Deutschordens** aus dem 13. Jahrhundert. Da der Zugang zur Ruine aber nur mit Führung möglich ist, muß man sich mit der Gemeinde in Verbindung setzen.

Die Wasserburgen-Route zweigt in Aldenhoven auf der *Marktfeststraße* links ab. Man fährt am **Bergbaudenkmal** vorbei und folgt auf dem Radweg dem Hinweis »Zum Römerpark«. Am Ende des Ortes geht es entlang des Merzbachs weiter geradeaus. Hinter der Hecke liegt rechter Hand ein Sportplatz. Durch den angrenzenden Park führt nur ein Fußweg; deshalb biegt man vor dem Park rechts ab und fährt links in die *Niedermerzer Straße*, die auf die Landstraße (*L 228n*) nach Fronhoven trifft. Auf der linken Seite verläuft ein paralleler Radweg, vorbei am Ort Fronhoven/Neu Lohn und dem Gasthaus Rinkens bis zum Parkplatz am **Erholungszentrum** von **Dürwiß**.

Bunte Drachen über dem künstlich angelegten Blausteinsee

Wer nicht auf dem Radweg neben der Landstraße herfahren möchte, hat folgende Möglickeit: Er überquert die L 228n und fährt bis zur Ortsmitte von Niedermerz. Hier zweigt links die *Johannesstraße* ab. Man hält sich rechts und fährt auf der *Hofbongardstraße* aus dem Ort, bis man zu einer Weggabelung kommt. Hier hält man sich wieder rechts und fährt über die *Laurenzensberger Straße* durch das weitläufige **Renaturierungsgebiet** des alten Indener Tagebaus »Zukunft West«, das bereits im Kreis Aachen liegt. Auf diesem Weg kommt man zum künstlich angelegten Blausteinsee.

 Noch wirkt der neu angelegte See (140 m) wie in eine Mondlandschaft eingebettet. In den nächsten Jahren wird sich diese aber in eine abwechslungsreiche Region mit Wald und Feldern wandeln. Blickt man vom **Blausteinsee** aus in Richtung Parkplatz, liegt links von diesem das Erholungszentrum von Dürwiß mit **Freibad** und Riesenrutsche. Auf dem Hang zum See lassen bei entsprechenden Windverhältnissen jung und alt gerne Drachen steigen. Vom Parkplatz aus geht es auf dem asphaltierten Feldweg, der in wechselnder Entfernung zur *K 10* nach Helrath führt, geradeaus weiter.
Vom Parkplatz aus kann man aber auch erst den **Drimborner Hof** besichtigen: Man überquert am Verteilerkreis die *K 10* links in Richtung Dürwiß. Hinter dem Ortsschild zweigt rechts ein Feldweg ab, der durch ein schmales Waldstück führt. Auf der linken Seite liegt das ehemalige Rittergut.

 Der **Drimborner Hof** (160 m) ist eine vollständig restaurierte und mit modernen Gebäuden ergänzte ehemalige Wasserburganlage mit Wohnhaus und

Turm. Das vor dem 30jährigen Krieg entstandene Rittergut wird heute von einer Ärztegemeinschaft genutzt (der Innenhof ist somit zugänglich). Hier ist auch das **Heimat- und Geschichtsmuseum** mit Karneval-Museum der Stadt Eschweiler untergebracht. Gleich gegenüber liegt noch ein weiteres, 200 Jahre älteres ›Schlößchen‹: der **Broicher Hof**, ein Herrenhaus mit kleinem Erkerturm, in dem heute das Eschweiler Forstamt untergebracht ist.

Vom Waldstück hinter dem Drimborner Hof aus folgt man dem Weg *Am Bongert*. Nach ein paar leichten Kurven zwischen Streuobstwiesen und Weiden biegt man hinter dem Haus mit den blauen Fensterläden rechts ab. Die *Lindenstraße* führt zurück zur *K 10*, wo der Radweg auf der anderen Straßenseite links weiterführt. Sie sind jetzt wieder auf dem Weg, der vom Parkplatz am Blausteinsee wegführt.

Gut 500 Meter hinter dem Parkplatz am See verläßt man vor der großen Hecke den asphaltierten Radweg nach rechts. Am Ende dieses Feldweges zweigt links die ehemalige *Fronhovener Landstraße* ab, die vor dem Braunkohletagebau Kinzweiler mit Aldenhoven verband (der alte Mittelstreifen ist noch zu erkennen). Nach Überqueren der *L 240* liegt gleich rechts am Ortseingang von Kinzweiler die gleichnamige Burg.

Burg Kinzweiler (150 m) ist eine Ende der 80er Jahre restaurierte u-förmige Wasserburg, die in ihren Ursprüngen aus einer Motte hervorgegangen ist. Das ehemalige Rittergut aus dem 15. Jahrhundert wurde unter Kurfürst Karl Theodor von der Pfalz 1773 neu aufgebaut. Die beiden Vorburgen wurden erst 1970 abgerissen. Ein Blick auf

die nicht zugängliche Anlage ist nur von der Straßenseite aus möglich.

In unmittelbarer Nähe gibt es jedoch ein weiteres attraktives Ziel: die zugängliche Wasserburg Haus Kambach. Gleich gegenüber der Burgzufahrt überquert man die *Wardener Straße* und biegt rechts in die *Kambachstraße*. Zwischen zwei alten Bauernhöfen geht es in den Ort.

Schöne Aussichten:
eine Rast beim Wasserschloß
Haus Kambach

Wer möchte, kann zuvor noch einen Abstecher zur **Oberen Mühle** (170 m) machen, indem er hinter den Bauernhöfen – etwas rechts versetzt – die *Kirchstraße* hinaufradelt.
Die Gebäude der alten Mühle sind erst vor kurzem restauriert worden. Gleich oberhalb befindet sich ein Teich, der einst die Obere Burg Kinzweiler umschloß. Von dieser Anlage sind aber nur noch wenige der bereits im 18. Jahrhundert verfallenen Ruinen erhalten. Der kleine Park ist nicht zugänglich.

Zurück auf der *Kambachstraße,* läßt man nun die Bauernhöfe links liegen und fährt durch den Ort, bis das auf der rechten Seite liegende Wasserschloß Gut Kambach erreicht.

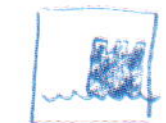
Gut Kambach (164 m) ist ein sorgfältig restauriertes kleines Wasserschloß, das zu Beginn des 18. Jahrhunderts auf alten Fundamenten errichtet wurde – ein schlichtes Herrenhaus mit mächtigem Eckturm. Von der bestehenden u-förmigen Vorburg aus hat man einen großartigen Blick auf die Anlage. Haus Kambach ist Sitz eines Golfclubs mit allgemein zugänglichem Restaurant und Bistro. Hier

finden Radler nicht nur ein nettes, herrschaftliches Pausen-
plätzchen, hier besteht auch die Möglichkeit, einmal schnup-
perweise den Abschlag zu üben.

Vom Bistro aus verläuft der Radweg neben dem Golfplatz und
weiter geradeaus bis Sankt Jöris. Hinter der Dorfkreuzung
liegt linker Hand die alte Kirche des ehemaligen Zisterziense-
rinnen-Klosters.

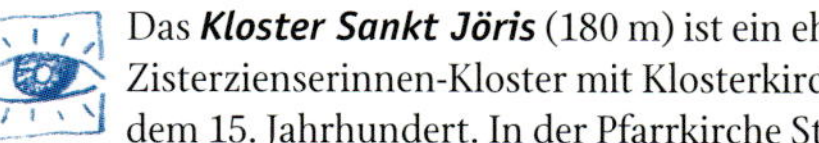 Das **Kloster Sankt Jöris** (180 m) ist ein ehemaliges
Zisterzienserinnen-Kloster mit Klosterkirche aus
dem 15. Jahrhundert. In der Pfarrkirche St. Georg
befindet sich das ›Triumphkreuz‹ aus dem Jahre 1350.

Wer auf die Weiterfahrt nach Aachen verzichten möchte,
hat von St. Jöris aus die Möglichkeit, direkt Anschluß
nach Stolberg und die fünfte Etappe der Wasserburgen-
Route zu finden: Fahren Sie vor dem Bahnübergang links
den Feldweg entlang. Hinter dem Flugplatz Merzbrück
folgt eine Kreuzung; biegen Sie hier rechts und am Ende
dieses Weges wieder links ab. Wenn Sie am Bahndamm
dann noch einmal links fahren und die Gleise überqueren, haben Sie den Anschluß nach Stolberg gefunden
(s. a. Tour 5).

Die *Neusener Straße* führt aus St. Jöris hinaus über eine stillge-
legte Bahntrasse (hier besteht die Anschlußmöglichkeit nach
Stolberg) und die Autobahn *A 44*. Nun befindet man sich im
Kreis Aachen. Man folgt der *Endstraße* zum Broichweidener
Stadtteil Neusen, passiert die *Neusener Straße* und fährt auf
der gegenüberliegenden *Broicher Straße* weiter in Richtung
Euchen. An der nächsten Kreuzung zweigt links die *Fronhof-
straße* ab. Gegenüber der Kronenbrot-Bäckerei führt rechts die
Mozartstraße hinaus auf die Felder. Am Sportplatz biegt man

rechts ab und erreicht schließlich wieder die *Broicher Straße*.
Vorsicht beim Überqueren!
Leicht rechts versetzt geht es weiter bis zur ersten Weggabelung – hier müssen Sie sich erneut rechts halten. Dieser aspal-
tierte Feldweg führt schließlich in einer Rechtskurve in den
Wald eines Naturschutzgebietes. Nun geht es ein kurzes Stück
leicht bergab, bis an der nächsten Weggabelung links unter
der alten steinernen Eisenbahnbrücke hindurchgefahren wird.

Der Weg schlängelt sich in einer weiten Rechtskurve, vorbei
an der **Krahnentalsmühle**, hinunter ins Tal. Auf einer schmalen Brücke geht es über den Broicher Bach. Am Ende des
Weges überqueren Sie am Kellersberger Hof vorsichtig die
Landstraße und kommen unmittelbar danach wieder in den
Wald eines weiteren Naturschutzgebietes. Bevor dieser *Herrenweg* in Alsdorf am *Kurt-Koblitz-Ring* endet, kommt man an
einer beliebten Gaststätte mit Biergarten und Minigolfplatz
vorbei. Das **Naherholungsgebiet Broichbachtal** ist erreicht:
Ort und Zeit für eine erholsame Pause.

Gleich unterhalb von Restaurant und Minigolfplatz
liegt der Kahnweiher. Wer vom Pedaletreten noch
nicht genug hat, kann hier Tretbötchen fahren. Es
gibt ebenfalls ein kleines **Freibad** mit Wasserrutsche, das allerdings nicht jedes Jahr geöffnet ist. Durchaus sehenswert ist der
kleine Tierpark.

Ein **Abstecher** führt hinauf nach **Alsdorf**, eine ehemalige
Bergarbeiterstadt im Aachener Steinkohlerevier. Die vielen
Halden und stillgelegten Bahntrassen erinnern an das Zechen-
sterben und den erst jüngst vollzogenen Strukturwandel.
Parallel zum *Kurt-Koblitz-Ring*, der Bundesstraße *B 57*, führt

ALSDORF
MERKSTEIN
Schaufenberg
Ritzer feld
Hoengen
Bierstraß
Noppenberg
Zopp
Zoppenberg
In Ruy
Steinkohle
NSG
HERZOGENRATH
Schloß Ottenfeld
Bad
Kellersberg
Maria-dorf
Maubach
Reifeld
Feldgen
Kämer hof
Blumenrath
Straß
Wefelen
Ofden
Begau
ehemalige Mülldeponie
Nieder-bardenberg
Radsberg
Broicher Mühle
NSG
Karte 12
Natur
Pley
B 57
Schleibach
Broicher Siedlung
Klink
Hühner-nest
Anschluß siehe Karte 11 →
Burgruine
Bardenberg
Birk
Kläranl.
Broich
Kinzweiler
Wilhelmstein
Euchen
Golfpl.
SCHEID
Ath
Tellebenden
Linden-Neusen
Sankt Jöris
schutz-anlage
Vorsheid
Auf der Höhe
Vorweiden
Morsbach
Forstheide
Elchenrath
Broich-weiden
Merzbrück
Kämpchen
WÜRSELEN
Landeplatz
Sterzbusch
Schwei-bach
B 264
250 m 500 m 750 m
nach Stolberg
gebiet
↓ Anschluß siehe Karte 13 →

ein Radweg den Berg hinauf. Man überquert mehrere Kreuzungen und biegt, auf dem Berg angekommen, links in die *Schaufenberger Straße*. Sie führt in den Park der Alsdorfer Burg. Am Parkplatz, rechts neben dem *Kurt-Koblitz-Ring,* beginnt der Weg nach Alsdorf und zur Alsdorfer Burg.

Die **Alsdorfer Burg** (160 m), eine restaurierte ehemalige Wasserburg, wurde erstmals 1319 im Zusammenhang mit einem Ritter von Alsdorf erwähnt. Von der ursprünglich u-förmigen Burganlage mit zwei Ecktürmen stammt der Ostflügel mit kleinem Erkerausbau und einem dreigeschossigen runden Eckturm aus dem 17. Jahrhundert. Die Burg ist heute im Besitz der Stadt, u.a. ist hier die Volkshochschule untergebracht. Von der Vorburg sind nur noch das kleine Burgtor und eine Remise erhalten. Die in rot gehaltene Burg ist von einem offenen Park umgeben.
Auf dem *Herrenweg*, den man für den Abstecher zur Alsdorfer Burg verlassen hatte, radelt man bis zum *Kurt-Koblitz-Ring*. An einer Ampel wechselt man die Straßenseite und fährt auf dem parallelen Radweg links hinunter. Vor der Linkskurve der *B 57* erreicht man die Straße *Im Broichtal*. Wer das Schloß Ottenfeld besuchen möchte, bleibt auf dem Radweg. Nach etwa 300 Metern zweigt rechts eine schöne Birkenallee zum Schloß ab.

Ottenfeld (125 m) ist eine restaurierte, ehemals befestigte Hofanlage, die 1878 zum Schloß umgebaut wurde. In die Vorburg sind, neben dem landwirtschaftlichen Betrieb, Wohnungen integriert. Bei der Plünderung durch amerikanische Soldaten 1945 ging das umfangreiche Gutsarchiv verloren.

Zurück auf der Straße *Im Broichtal* fährt man bis zu einem Waldparkplatz. Hier zweigt der Weg links ab. Nach ca. 200 Metern geht es rechts durch die schöne *Ottenfelder Allee,* der einstigen Burgzufahrt, weiter. Am Ende biegt man rechts ab und überquert den Broicher Bach. Unmittelbar vor dem Ortseingang von Herzogenrath-Noppenberg führt links die Straße *Am Erlenbruch* weiter. Nach einem Kilometer ist der Ortsteil Ruif erreicht. Vor dem Restaurant »Bergquelle« beginnt auf der linken Seite der Schotterweg *An der Berger Mühle*.

Auf eine sehr empfehlenswerte Variante über Herzogenrath und durchs Wurmtal sei hier hingewiesen: Sie fahren auf der Straße Am *Erlenbruch* und später der *Bergerstraße* weiter geradeaus durch den Wald. Wenn die Bäume lichter werden, sieht man rechter Hand das **Schwimm- und Freibad** der Stadt Herzogenrath. Vom Weiher aus hat man einen schönen Blick auf das von der Burg Rode überragte Zentrum der Stadt. Man fährt nun rechts auf die Asphaltstraße, passiert den Parkplatz, um auf der Straße *Erlensmühle* die *Dammstraße* zu erreichen. Gegenüber radelt man auf der *Apolloniastraße* bis zum *Ferdinand-Schmetz-Platz* und biegt dort rechts in die *Albert-Steiner-Straße* . Unter der Eisenbahnbrücke erreicht man schließlich die *Klerkstraße,* die links für ein kurzes Stück den Berg hinaufführt. Von dieser zweigt rechts die *Burgstraße* ab: Nach gut 100 Metern steht man vor dem Eingangstor zur Burg.

Die einstige Zollstation, die 1982 restaurierte **Burg Rode** (155 m) zeugt vom niederländisch-limburgischen Ursprung (Hertogenrode), aus dem 1814 das deutsche Herzogenrath wurde. Die Burg ist heute kulturelles Zentrum der Stadt und des Landes Rode und kann nach Absprache besichtigt werden.

1282 wurde Herzogenrath erstmals auch als Stadt erwähnt. Durch den Ort geht die von den Römern angelegte, heute ›Welthandelsstraße‹ genannte Verbindung von Köln an die Nordsee. Die weit zergliederte Flächenstadt an der niederländischen Grenze ist aufgrund des eigenen Bahnhofs gut erreichbar. Im Zentrum gibt es Kneipen und Hotels. Im Ortsteil **Kohlscheid** befindet sich die älteste Förderstätte des gesamten europäischen Steinkohlebergbaus – nachweislich ab 1113 wurde hier Kohle gefördert. In Herzogenrath könnte einmal ein weiterer, wasserburgenreicher Radweg in Richtung Holland, Belgien oder zum Niederrhein anschließen.

Um von Herzogenrath aus entlang des Wurmtals die Burg Wilhelmstein und damit den Anschluß an die Wasserburgen-Route zu erreichen, fährt man hinter der *Burgstraße* links auf der *Schütz-von-Rode-Straße* den Berg hinunter. Nach Überqueren der Wurm zweigt rechts die *Weidstraße* ab. An der nächsten Kreuzung geht es auf der *Further Straße* weiter geradeaus. Der Weg verläuft mehr oder weniger parallel zur Wurm, bis er hinter dem Entenweiher auf die *Kohlscheider Straße* trifft. Auf der anderen Straßenseite führt vom Parkplatz aus leicht versetzt ein unbefestigter Waldweg hinauf zur Burg Wilhelmstein. Gegebenenfalls muß hier das Rad ein paar Stufen hinaufgetragen werden.

Weiter auf der Wasserburgen-Route: Wer die Abstecher zur Burg Rode und nach Herzogenrath auslassen will, fährt von Ruif aus auf dem abzweigenden Schotterweg *An der Berger Mühle* weiter über die Herzogenrather Ortsteile Feldgen und Wefelen. Achtung! Kurz vor dem Ortsende von Wefelen zweigt rechts eine schmale Sackgasse ab. An deren Ende biegt man

rechts in die *Forstumer Straße* und erreicht nach einem Linksbogen die Ampel an der *Jüderstraße*, der *L 223*. Diese überquert man und fährt dann links neben der breiten *Kamper Gracht* auf dem Radweg den Hang hinauf. Nach ca. 500 Metern biegt man links in die Straße *Am Mühlenhaus*. An der großen Straßenkreuzung fährt man rechts in die Einbahnstraße, von dieser gleich wieder rechts in die *Pleyer Straße* und nur ein kurzes Stück dahinter in die Straße *Am Wilhelmstein*, die zur Burg führt.

Burg Wilhelmstein (170 m) ist eine mächtige Burgruine mit Eingangstor und Resten einer Vorburg, deren einst fünfgeschossiger Burgturm halb verfallen ist. Sie wurde um 1270 von Graf Wilhelm IV. von Jülich anstelle einer zerstörten kurkölnischen Trutzfeste als wichtige Ausfall- und Verteidigungsstellung gegen Aachen und Limburg errichtet. Im 18. Jahrhundert wurde sie von den Franzosen gesprengt. In der unterhalb des Burgturms gelegenen Freilichtbühne finden zahlreiche Kulturveranstaltungen statt. Im Burggelände gibt es ein Restaurant mit Biergarten und Minigolf. Vom Gebäude aus hat man einen phantastischen Blick über das Wurmtal.

Von der Burg kommend, fährt man rechts auf der Straße *Im Grötchen* weiter. Am Ende der Straße biegt man links ab. An der großen Kreuzung geht es rechts in die *Heidestraße*. Kurz hinter der Kreuzung zweigt rechts der *Alte Schüttsberg* ab. An der nächsten Kreuzung kann man sich nun entscheiden: Entweder Sie nehmen die offizielle Route, fahren auf der *Zechenstraße* über die Morsbacher Heide, bis es rechts auf der *Waldstraße* an Bergbauhalden vorbei hinunter ins Wurmtal zur »Pumpermühle« geht.

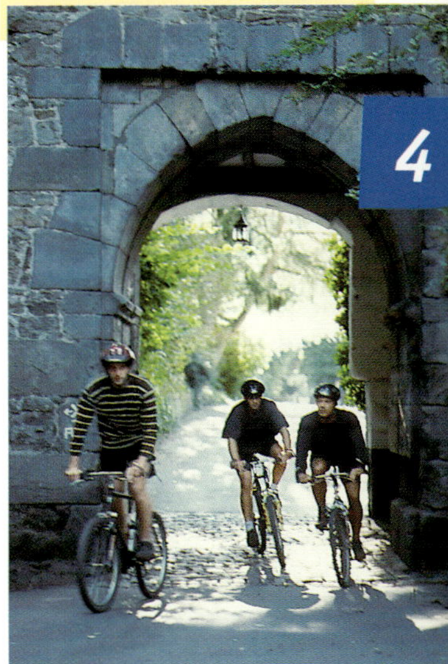

Das mächtige Eingangstor der auch als Ruine noch wirkungsvollen Burg Wilhelmstein

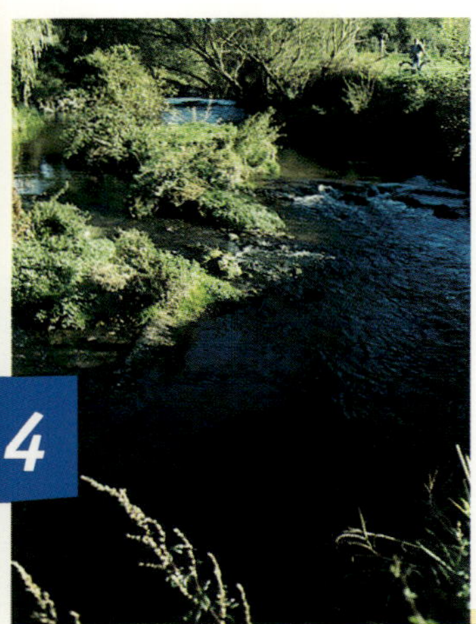

*Ein Stück unberührte Natur:
das Wurmtal*

Oder Sie entscheiden sich für den Abzweig direkt ins **Wurmtal** zur »Alten Mühle«, einem beliebten Ausflugslokal. Von hier aus erreichen Sie allerdings auch die Pumpermühle.

Die **»Alte Mühle«** (bzw. Bardenberger Mühle, 127 m) ist ein schön restauriertes Gebäude mit Hotel, Restaurant, Biergarten und Sauna im Naherholungsgebiet Wurmtal. Hier führt ein Rad- und Wanderweg zwischen Aachen und Herzogenrath entlang der natürlich fließenden Wurm – eine attraktive Strecke, die an schönen Tagen zwar vielfrequentiert ist, aber durch ein weitgehend naturbelassenes, unberührtes Tal führt.

Von der Alten Mühle zweigt hinter der Brücke über die Wurm links am Parkplatz ein Schotterweg ab, der – fährt man an der Weggabelung gleich wieder links – durchs traumhaft schöne **Wurmtal** führt. Nach eineinhalb Kilometern zweigt links ein Asphaltweg zur Kläranlage ab. Hier führt eine Brücke über die Wurm zur **»Pumpermühle«**, die zu einer weiteren Einkehr einlädt.
Von dieser Gastwirtschaft führt ein Schotterweg zum **»Teuterhof«**, einer weiteren Lokalität. Schräg gegenüber des gastronomischen Betriebes, auf der anderen Seite der *L 23*, der *Schweilbacher Straße* (Vorsicht!) führt ein asphaltierter Radweg (auch als *A4* gekennzeichnet) hinaus auf die Felder, vorbei an der **Adamsmühle** und dem **Hof Wolfsfurth**.

Das zauberhafte Wurmtal ist besonders am Wochenende Ziel vieler Besucher. Fahren Sie hier mit Rücksicht auf die Spaziergänger bitte äußerst rücksichtsvoll!

An dieser Stelle teilt sich die Wasserburgen-Route: Es bestehen drei Möglichkeiten: die burgenreiche Fahrt über die Aachener Stadtteile Laurensberg und Richterich zum Aachener Hauptbahnhof, eine alternative Route in die Innenstadt, vorbei am Forum Ludwig, und schließlich eine Verbindung nach Stolberg für diejenigen Radler, die die Stadt Aachen umfahren wollen (Beschreibung s. Tour 5).

Nebenzufahrt ins Aachener Stadtzentrum: Diese wesentlich kürzere Variante in die Innenstadt ist als *R 9* ausgeschildert und leicht zu finden. Wer am Ludwig-Forum, dem bekannten Museum für Internationale Kunst, vorbeifahren will, der fährt aus dem Wurmtal kommend an Gut Wolfsfurth vorbei. Auf der weiteren Strecke in die City trifft man nach wenigen Kilometern auf eine weitere historische Anlage, das Gut Kalkofen.

Gut Kalkofen (160 m) ist eine ehemalige Wasserburg über dem Wurmkanal. Seit 1947 erfolgte der etappenweise Wiederaufbau einer zuletzt im Zweiten Weltkrieg zerstörten Schloßanlage, deren Ursprünge wohl bis ins 15. Jahrhundert zurückreichen. Die früher vollständig wasserumwehrte Vierflügelanlage mit runden Ecktürmen und dem zweigeschossigen Herrenhaus ist aus Grauwacke und Kohlensandstein gebaut. Im vorderen Flügel ist der Front ein dreigeschossiger Backsteinturm vorgesetzt. Der verbliebene Wassergraben ist teilweise verlandet.
Nachdem der *R9* die *Jülicher Straße* wieder erreicht hat, biegen Sie hier links ab und fahren weiter geradeaus bis zum Forum Ludwig – ein Muß für jeden Aachen-Besucher. Für den Weg ins Zentrum sollte man zum Gut Kalkofen zurückfahren und weiter dem ausgeschilderten Radweg *R 9* folgen.

Hauptzufahrt ins Aachener Stadtzentrum über die Stadtteile Laurensberg und Richterich:

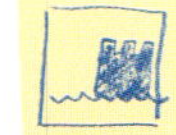 Hinter dem Gut Wolfsfurth zweigt rechts ein Weg
ab, der über die Wurm ins ***Naturschutzgebiet Pau-
linenwäldchen*** führt. An der Weggabelung schließlich muß links ein kurzes Stück den Berg hinauf gefahren oder
geschoben werden, bis man den Parkplatz mit dem Steinmo-
nument erreicht hat. Rechts geht es in die Straße *Zum blauen
Stein*, die an der Waldgaststätte ***»Paulinenwäldchen«*** vorbei-
führt. Nachdem man die *L 244* passiert hat, sieht man rechter
Hand die Turmspitze der ***Kirche St. Mathias***. Gleich daneben
befinden sich der Berensberger Hof sowie das Schloß Berensberg.

 Unter den (bereits im 13. Jahrhundert erwähnten)
Herren von Berensberg wird das ***Schloß Berensberg***
(192 m) 1387 als »Wehrhaus« ein Lehen des Kölner
Erzstiftes. 1714 wurden das Herrenhaus und der seitliche Turm
neu errichtet; zu Anfang dieses Jahrhunderts wurde beides
baulich noch einmal stark verändert. Der landwirtschaftliche
Betrieb wirbt mit dem Angebot »Kaufen auf dem Bauernhof«.

Weiter auf der *Berensberger Straße*, zweigt nach einigen hundert Metern links der ***Ferberberg*** ab. Die Gebäude auf der
rechten Seite gehören zum Haus Ferber.

 ***Haus Ferber*** (190 m) ist ein weißes, mit einem
Türmchen versehenes stattliches Wohnhaus aus dem
vorigen Jahrhundert. Es belegt, daß auch noch in der
jüngeren Vergangenheit Herrschaftsarchitektur nachempfun-
den wurde. Ursprünglich wurde es um 1790 als Sommersitz
eines wohlhabenden Stolberger Bürgers errichtet. An das
Haus schließt ein großer Park mit altem Baumbestand an.
Zwischen den umliegenden Feldern und Wiesen finden sich
viele Alleen und Grenzbepflanzungen, wie sie in der ersten
Hälfte des vorigen Jahrhunderts als Landesverschönerung
propagiert wurden. Nebenan befindet sich ein landwirtschaftlicher Betrieb mit Einkaufsmöglichkeit.

Weiter führt die Route auf der *Berensberger Straße* über eine
Straßenbrücke. Nach knapp einem Kilometer biegt man
rechts in Höhe des Hinweisschildes zum Schloß Schönau in
die *Parkstraße* und nach einigen hundert Metern links in die
Schönauer Allee.

 ***Schloß Schönau*** (185 m) ist eine schlichte, aber
schön restaurierte Burg mit Restaurant. Das in einem
Park liegende, viereckige Herrenhaus ist von einem
Wassergraben umgeben. Gegenüber in den ehemaligen Wirt-
schaftsgebäuden bietet heute die Arbeiterwohlfahrt Mitmach-
Aktivitäten an.
Am Schloß Schönau vorbei radelt man auf der *Schönauer Allee*
bis zum Ende, passiert die Straßenbarriere, um dann gleich
links auf der *Roermonder Straße* den Berg hinunterzufahren.
(Vorsicht, steile und vielbefahrene Straße!) Nach etwa zwei
Kilometern zweigt links die *Schloß-Rahe-Straße* ab. Hinter dem
Tunnel sieht man links schon den Schloßpark.

4

Schloß Rahe (156 m) wird 1274 von Ludwig de Roede im Soest-Tal erstmals erwähnt. Im Laufe der Jahrhunderte wurde der ursprüngliche Hof befestigt und zu einer Wasserburg ausgebaut. 1787 ließ ein Aachener Kaufmann anstelle des mittelalterlichen Burghauses ein weiträumiges Schloß errichten, das später weiter ausgebaut wurde. Das weiße, zweigeschossige Wohnhaus mit dem über- höhten Mittelbau wurde seit den 60er Jahren als Restaurant genutzt, ist heute aber im Besitz eines Wirtschaftsunterneh- mens. Neben dem Schloß liegt die große Mühle.

Noch in Höhe des Schlosses biegt man rechts in die *Hausener Gasse* ein und folgt dieser bis zum **Gut Hausen**. Hier geht es links auf einem Feldweg weiter, der an einem Regenrückhalte- becken vorbei unter der Schnellstraße Aachen-Kohlscheid herführt. Da die Zufahrt zur Unterführung ein starkes Gefälle besitzt, ist Vorsicht geboten! Schließlich erreicht man die **Speckheuer Follmühle**. An der Wegkreuzung zweigt rechts die langsam ansteigende *Rütscher Straße* ab, die in Richtung Aachener Innenstadt führt. An einer Ampel überqueren Sie die *Roermonder Straße*. Auf der anderen Straßenseite geht es auf der *Turmstraße* weiter bis zur nächsten Kreuzung. Biegt man hier links ab, stößt man nach 200 Metern auf das mittelalter- liche Stadttor.

Das **Ponttor** (184 m) ist eines von zwei erhalten gebliebenen Toren der äußeren Stadtbefestigung des alten Aachens. Es wurde 1320 fertiggestellt und im 19.Jahrhundert restauriert. Das eigentliche Haupttor ist mit dem Vortor über eine Brücke verbunden. Zwei mächtige Türme umgeben das mit Fallgittern einst zu schließende Tor. Neben dem Ponttor und dem ›Marschiertor‹ besaß die fünf- einhalb Kilometer lange äußere Stadtmauer, die ungefähr ent- lang des heutigen Alleeringes verlief, weitere neun Tore sowie 22 Wachtürme.

Fährt man an der Kreuzung geradeaus, kommt man in die *Wüllnerstraße*. Diese führt an der Rheinisch-Westfälischen Tech- nischen Hochschule (RWTH) vorbei bis zum *Augustinerbach*.

Hier biegt man zunächst rechts und dann zweimal hintereinander links ab und kommt so zum **Markt** mit **Rathaus** und **Dom**. Der letzte Kilometer führt am Dom vorbei in die *Kleinmarschierstraße* und die *Franzstraße*. Links geht es in die *Aureliusstraße*. An der Kirche überquert man rechts die *Wallstraße* und fährt schließlich über die *Leydelstraße* direkt zum Hauptbahnhof.

Service

Information

Eifel-Touristik NRW e.V., *Bad Münstereifel, Tel: 022 53/60 75* · **Jülich: Kultur- und Verkehrsamt,** *Marktplatz 1, Tel: 024 61/63–243* · **Gemeinde Aldenhoven: Verwaltung,** *Dietrich Mülfarth Str. 11, Tel: 024 64/586–0* · **Eschweiler: Stadtverwaltung,** *Rathausplatz 1, Tel: 024 03/71–295* · **Würselen: Stadtverwaltung,** *Tel: 024 05/673 51* · **Alsdorf: Stadtverwaltung,** *Hubertusstr. 17, Tel: 02404/50–241* · **Herzogenrath: Hauptamt,** *Postfach 1280, Rathausplatz 1, Tel: 024 06/83–0* · **Stadt Aachen***: s. Service Tour 5* · *ADFC Aachen, An der Schanz 1, Tel: 02 41/889 14 63* · *Z.A.R. (Kreis Aachen), Herzogenrath, Tel: 024 06/831 22* **»Radwandern im Kreis Düren«,** *hrsg. von der ARGE Tourismus Dürener Rur-Eifel, Postfach 100445, 52304 Düren, Tel: 024 21/22 28 65* · **Jülich: Rurufer-Radweg – Radwegekarte Kreis Aachen** *(ab Frühj. '99 erhältlich)* · **Herzogenrath: 2-Länder-Route Aachen-Nijmegen,** *Touristik-Agentur Viersen, Grabenstraße 36-38, Tel: 028 24/923 50; Anbindung nach Aachen über die* **Limburgisch-Rheinische Radwanderroute** *(2LR) und den R 9*

Bahn

Zentralauskunft: *Tel: 02 41/194 19* · **Jülich:** *Bahnhofstraße* · *Dürener Kreisbahn, Tel: 024 21/39 01 0* · **Eschweiler:** *Reigate u. Banstead Platz* · **Herzogenrath:** *Bahnhofstraße*

Bus

Eschweiler: *Aachener Verkehrsverbund, Tel. 02 41/16 88–1* · **Würselen/Alsdorf/Herzogenrath:** *Aachener Verkehrsverbund, Tel: 02 41/968 97–0*

Rad & Hilfe

Jülich: *Radsport Müller, Römerstr. 81, Tel: 024 61/315 54; K&K Zweirad-Handels GmbH, Große Rurstr. 55, Tel: 024 61/502 49; Koeth, Theodor-Heuss-Str.69, Jülich-Koslar, Tel: 024 61/23 97; Radsporthandlung Ouellers, Heckfeldstr.46, Tel: 024 61/539 43* · **Aldenhoven:** *Westmark, Kapellenplatz 5, Tel: 024 64/17 85; Tetz, Dorfstr. 34, A.-Freialdenhoven* · **Eschweiler:** *Ripp, Jülicher Str. 146, Tel: 024 03/532 56* · **Würselen:** *Eck, Friedrichstr. 2, Tel: 024 05/50 58; Müller, Aachener Str. 107, Tel: 024 05/218 80* · **Alsdorf:** *Kostomay, Übacher Weg 70, dazu fünf weitere Geschäfte* · **Herzogenrath:** *Kleuskens, Kleikstraße 19, Tel: 024 06/38 03; Esser, Südstr. 140, Tel: 024 07/22 86; Gülpen, Industriestr. 5, Tel: 024 07/171 45*

(Rad-) Taxi

Aldenhoven: *Tel: 024 64/14 20* · **Eschweiler:** *024 03/30 90* · **Würselen:** *Tel: 024 05/58 88* · **Alsdorf:** *Tel: 024 04/938 81* · **Herzogenrath:** *024 06/48 84; Tel: 024 06/20 11 bzw./20 22*

Burg/Schloß

22 Anlagen *max. 3 km von der Hauptroute entfernt*
mind. 30 Anlagen *max. 10 km von der Hauptroute entfernt*

Sehenswürdigkeiten/Kultur

Jülich: *Stadtgeschichtliches Museum, Kulturhaus am Hexenturm, Führungen n. Voranm., Tel. 024 61/63–228; Forschungszentrum Jülich, Wilhelm Jonen Str., Tel. 02461/61–0* · *Sendeanlage Deutsche Welle* · **Aldenhoven:** *Bergmannsmuseum, Dietrich-Mülfahrt-Str., Tel: 024 64/16 14* · **Eschweiler:** *Heimat-& Handwerkermuseum, Drimbornshof, E.-Dürwiß (jeden 2. Sonntag im Monat, 15-17 Uhr u. n. Voranm., Tel: 024 03/522 27; Ehem. Zisterzienserinnen-Kloster, E.-St.Jöris* · **Würselen:** *Kulturprogramm auf Burg Wilhelmstein (Mai-September), Tel: 024 05/676 56; Kulturzentrum Altes Rathaus, Kaiserstraße, Tel: 024 05/673 51* · **Alsdorf:** *Alsdorfer Burg, Burgstraße, Bes. n Vereinb., Tel: 024 04/40 63 13* · **Herzogenrath:** *Kulturzentrum Burg Rode, Burgstraße, Innenbesichtigung n. Vereinb., Tel: 024 06/52 30; Bergbaumuseum Kerkrade, Tel: 00 31/455 67 08 09 (ab Juni '98)*

Touren-Tips

Jülich: *Landesgartenschau 1998, Tel: 024 61/97 95–0* · **Aldenhoven:** *Aussichtspunkt Braunkohlen-Tagebau Inden, Rheinbraun AG* · **Eschweiler:** *Naherholungsgebiet Blausteinsee, E.-Dürwiß; Golfplatz Burg Haus Kambach, E.-Kinzweiler; Braunkohlekraftwerk Weisweiler, Besicht. n. Voranm., Tel: 024 03/73–1* · **Alsdorf:** *Tierpark, Theodor-Seipp-Str., im Freizeitpark Broichbachtal* · **Schwimmbäder:** *Jülich: Freibad (beheizt), Stadionweg, Tel: 024 61/27 01; Hallenbad, Bongardstr., Tel: 024 61/62 51* · *Aldenhoven: Kleinschwimmhalle mit Sauna in A.-Siersdorf, Heinrich-Franken-Str., Tel: 024 64/83 40* · *Eschweiler: Freibad Eschweiler-Dürwiß, Am Bongert 35 (mit 90-Meter-Rutsche), Tel: 024 03/524 00* · *Hallenbad, Jahnstr. 16, Tel: 024 03/248 06* · *Hallen- und Freibad Weisweiler, Auf dem Driesch, Tel: 024 03/652 78* · *Würselen: Freizeitbad, Friedrichstr., Tel: 024 05/673 31* · *Alsdorf: Hallenbad Luisenstr., Tel: 024 04/76 06* · *Herzogenrath: Hallen-/Freibad / Sauna, Bergerstr, Tel: 024 06/34 92; Hallenbad/Sauna, Zellerstr., Tel: 024 07/31 31; Freibad Merkstein, Buschhofer Weg 6, Tel: 024 06/621 00*

Über den Dächern der Stadt – die historisch getreu renovierte Burg Stolberg

Tour 5: Hexen, Zwerge, Raubritter

Wegverlauf: Stadt Aachen - Stadt Würselen(nördliche Ausfahrt) - Stadt Stolberg - Gemeinde Langerwehe - Stadt Düren · **Länge:** ca. 50 - 60 km · **Highlights:** Kornelimünster, Stolberg mit Burg und Museen, die zugängliche Laufenburg, Töpfereimuseum Langerwehe, Papiermuseum Düren

Das Ludwig Forum für Internationale Kunst in Aachen

Die fünfte Radtour hat ihren ganz eigenen landschaftlichen Reiz: Die Höhen um Kornelimünster erinnern mit ihren heckenumfriedeten Feldern an englische Landschaften, die waldreiche Gegend vor Düren wiederum besitzt einen anderen Charme. Der Weg aus dem Talkessel, in dem die Stadt liegt, ist leider mit etwas Mühsal verbunden; doch die Steigung – ob in nördlicher oder südlicher Richtung – bleibt unter zwei Kilometern. Richtung Süden führt der Weg durch die attraktive Altstadt von Kornelimünster mit dem sehenswerten mittelalterlichen Marktplatz und das landschaftlich reizvolle ›Münsterländchen‹. In nördlicher Richtung über Würselen erwarten den Radler dagegen einige gut erhaltene Wasserburgen. In Stolberg kommt dann nach dem Besuch der Burg und des Heimatmuseums die rund zwei Kilometer lange, zugleich aber auch letzte große Steigung der gesamten Wasserburgen-Route auf Sie zu. Mehr oder weniger eben geht es anschließend durch eine reizvolle, waldreiche Landschaft nach Düren, die dennoch eine gute Fernsicht erlaubt.

Für diejenigen, die Aachen in nördlicher Richtung verlassen wollen bzw. von Alsdorf kommend an Aachen vorbeifahren möchten, ist eine Verbindung nach Stolberg beschrieben und ausgeschildert. Wer keine Lust auf die anfänglichen Steigun-gen hat, kann in Aachen in den Zug steigen und bis Düren oder gar Langerwehe fahren.

Die Gründung der Kaiserstadt **Aachen** (175 m) geht der Sage nach auf Karl den Großen zurück, der während einer Jagd auf eine heiße Quelle gestoßen war. Als Dank für diese Gottesgabe faßte er den Entschluß, hier eine Pfalz zu errichten, eine Stadt zu gründen und zu Ehren der Mutter Gottes eine prächtige Kirche, den Aachener Dom, bauen zu lassen. Auch das historische Rathaus war ehemals Teil dieser Kaiserpfalz.

Vom **Hauptbahnhof Aachen** aus haben Sie **drei Möglichkeiten**, die Fahrt zu beginnen:
Entweder Sie folgen in südlicher Richtung der gut beschilderten Kaiser-Route über den Aachener Vorort Kornelimünster nach *Stolberg*. Oder Sie wählen die nördliche Ausfahrt, vorbei an einigen gut erhaltenen, zum Teil aber nur noch ehemaligen Wasserburgen. Diese Strecke ist identisch mit dem letzten Stück der vierten Etappe, die Sie bis zum Gut Wolfsfurth im Wurmtal, nun aber in entgegengesetzter Richtung befahren. Dort ist die Wasserburgen-Route dann wieder erreicht, die über Würselen an der Stadt Aachen vorbei nach Stolberg führt (s. Tour 4).

5

Aachen ist Ausgangspunkt der fünften Etappe; diese Stadt bietet so viel Sehenswertes, daß hier nur weniges Erwähnung finden kann. Generell ist für alle Informationen zu Markt, Dom, Museen, Zimmernachweisen usw. der Verkehrsverein Bad Aachen der richtige Ansprechpartner.

Schönes Fachwerk in Kornelimünster

Wer sich den etwas beschwerlichen Fahrtbeginn aus Aachen heraus ersparen möchte, der läßt sich von der Deutschen Bahn zum Bahnhof **Düren** bringen (hier beginnt die Tour 6 mit der Fahrt ins Rurtal) oder gar bis Langerwehe fahren. Dort finden Sie auch den Anschluß an die jetzt eben verlaufende Tour 7 nach Euskirchen.

Hat man sich für die **Tour über Kornelimünster nach Stolberg** entschieden, verläßt man den Bahnhof über die *Leydelstraße* und biegt dann rechts in die *Wallstraße* ein. An deren Ende zweigt links die *Theaterstraße*, von dieser kurz danach rechts die *Schützenstraße* ab. Nach ca. 200 Metern erreicht man den *Harscampplatz*. Ab hier ist die **Kaiser-Karl-Route** (*R 5*) ausgeschildert. Sie führt rechts in die *Harscampstraße* und ein kurzes Stück später links in die *Lothringer Straße*. Am Ende geht es geradeaus auf der *Schloßstraße* bis zur Burg Frankenberg.

In Aachen wird leider nur die nördliche Ausfahrt als Wasserburgen-Route ausgeschildert, daher orientieren Sie sich auf dem Weg über Kornelimünster nach Stolberg bitte an den grünen, sechseckigen Schildern der Kaiser-Route. Dieser 370 Kilometer lange Radweg führt auf den Spuren Karls des Großen von der Krönungsstadt Aachen zur Kaiserpfalz in Paderborn.

Weiter führt die Kaiser-Route über die *Bismarck-* und *Moltkestraße* durch einen Eisenbahntunnel. Man biegt links in die Straße *Im Gillelbachtal*, die auf den *Branderhofer Weg* mündet. Es geht nun einige hundert Meter bergauf. Der Weg führt am **Gut Branderhof** und dem **Reitverein Aachen** vorbei. Hinter der Kaserne hält man sich links und kommt in die *Graf-Schwerin-Straße*. An der Haltestelle »Luchserde« zweigt rechts ein Weg zum Ehrenfriedhof ab, einer Kriegsgräberstätte aus dem Ersten und Zweiten Weltkrieg.

Ca. 1500 Meter hinter dem **Forsthaus Schönta**l führt die Kaiser-Route rechts auf der *Hitfelder Straße* an einigen schönen Höfen vorbei. Hinter der Autobahnunterführung zweigt links der *Eicher Weg* ab (Vorsicht!). Knapp 100 Meter nach dem Ortsende muß rechts hinter einer Hecke in die Straße *Bierstrauch* eingebogen werden, die durch zwei kleine Täler

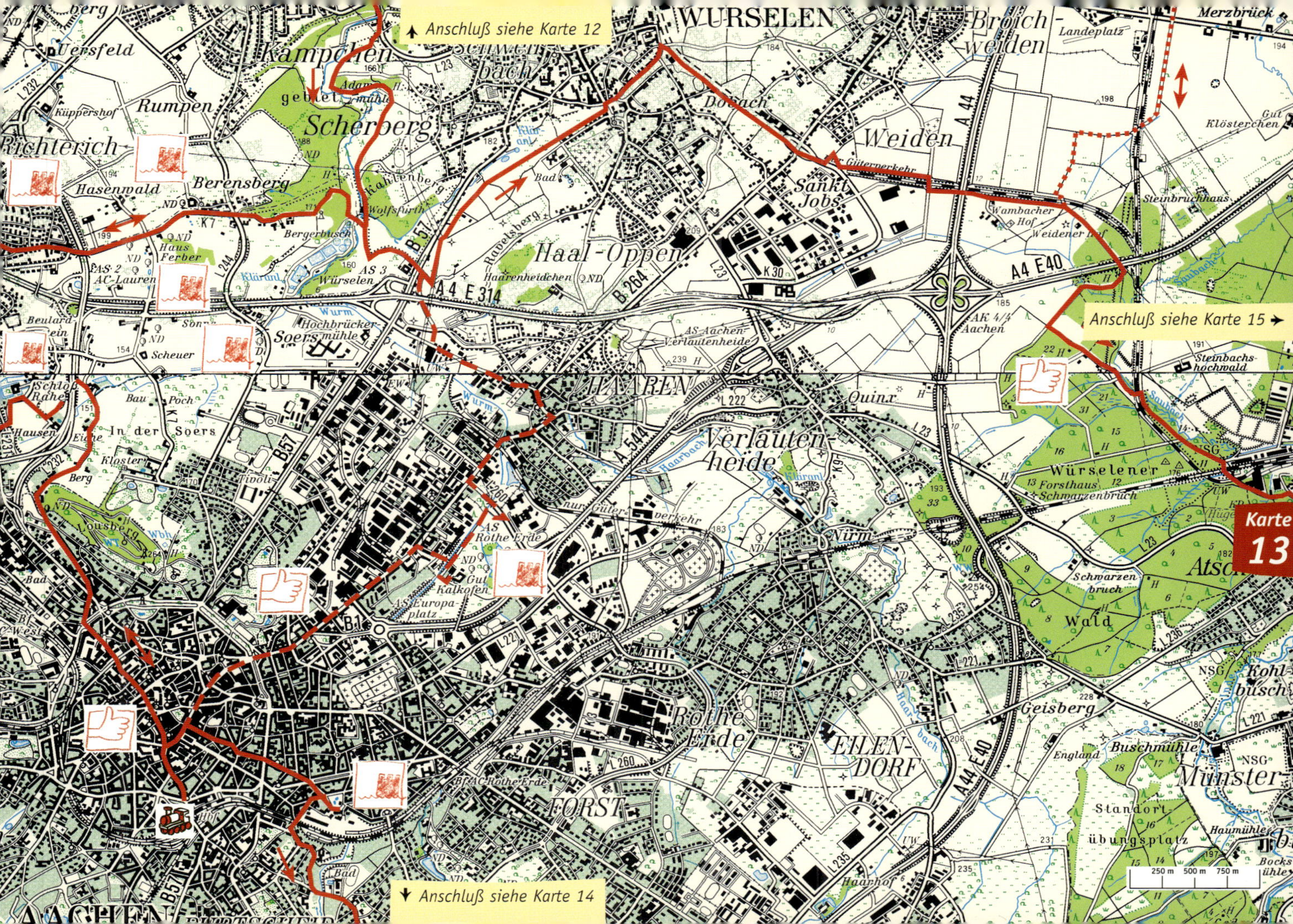

Anschluß siehe Karte 12
WURSELEN
Broich-weiden
Merzbrück
Landeplatz
Uersfeld
Kämpchen
Schwirz-bach
Küppershof
Rumpen
gebiet
Adams H.
mühle
Dorbach
Weiden
Gut Klösterchen
Richterich
Scherberg
Güterverkehr
Wambacher Hof
Weidener Hof
Steinbruchhaus
Hasenwald
Berensberg
Sankt Jobs
Bergerbusch
Wolfsfurth
Ragelsberg
Haal-Oppen
Haarenheidchen
A4 E40
Beulard ein
Hochbrücker mühle
Soers mühle
AS Aachen Verlautenheide
AK 4/4 Aachen
Steinbachs hochwald
Scheuer
Wurm
HAAREN
Quinx
Würselener
Schloß Rahe
In der Soers
Verlauten-heide
Forsthaus Schwarzenbruch
Hausen
Eiche
Kloster
Berg
Tivoli
Nirm
Atsch
Lousberg
AS Rothe Erde
Schmarzen bruch
Wald
Gut Kalkofen
AS Europa platz
Rothe Erde
Geisberg
Kohl-büsch
EILEN-DORF
Buschmühle
England
Münster
BAC Rothe Erde
FORST
Standort übungsplatz
Haumühle
Haarhof
Bocks mühle
AACHEN
Anschluß siehe Karte 14
Anschluß siehe Karte 15
Karte 13
250 m 500 m 750 m

führt. Vom Ortseingang in Kornelimünster aus führt die *Oberforstbacher Straße* am Kloster vorbei den Hang hinunter. An der Bahnunterführung biegt man erst links, danach rechts ab und erreicht schließlich, nachdem die Inde überquert wurde, den sehenswerten historischen Ortskern des nach dem Tode von Karl dem Großen als Kloster gegründeten Kornelimünsters.

Die Kaiser-Route verläuft weiter durch das Münsterländchen von Kornelimünster über Dorff bis kurz vor Stolberg. Hier trifft die Straße *Waldfriede* rechts auf die *Zweifaller Straße,* die *L 238.* Auf der anderen Seite der Landstraße weist ein Schild (und damit verläßt man die Kaiser-Route wieder) den zweieinhalb Kilometer langen Weg links nach Stolberg. An der Burg Stolberg hat man wieder Anschluß an die Wasserburgen-Route.

Tour über Würselen nach Stolberg: Man fährt vom Aachener Hauptbahnhof aus am Dom vorbei bis vor das Rathaus. Links beginnt der Aachener Radweg *R 12,* der gleichzeitig auch als **2-Länder-Route** ausgeschildert ist. Gleich an der *Judengasse* biegt man rechts ab, hält sich am Ende wiederum rechts und radelt danach gleich links auf der *Eilfschornsteinstraße* und der anschließenden *Wüllnerstraße* stadtauswärts. Der *Pontwall* führt Radler, die den Abstecher machen möchten, an der großen Kreuzung rechts zum **Ponttor** (s. Tour 4).

Nach Überqueren des *Pontwalls* fährt man auf der *Turmstraße* weiter bis zu einer Ampel. Hier wird die *Roermonder Straße* überquert und auf der *Rütscher Straße* weitergefahren. Nach knapp zwei Kilometern biegt man an der **Speckheuer Follmühle** links ab und fährt unter der *Schnellstraße Aachen-Kohlscheid* her. Nach einem Regenrückhaltebecken zweigt rechts die *Hausener Gasse* ab, die auf die *Schloß-Rahe-Straße* trifft. Diese führt links an Schloß und Mühle vorbei durch einen Tunnel zur *Roermonder Straße.* Rechts hinauf geht es nach Richterich. Man fährt unter der Autobahnbrücke her und biegt an einem Rechtsknick – durch eine Straßensperre – rechts in die *Schönauer Allee.* Sie führt zum **Schloß Schönau** (s. Tour 4). Anschließend radelt man rechts die Parkstraße hinauf und biegt links auf die *Berensberger Straße.* Diese führt geradeaus am Haus Ferber, dem Schloß Berensberg und der Wald-Gaststätte »Paulinenwäldchen« vorbei, schließlich als Straße namens *Zum blauen Stein* zum Paulinenwäldchen. Am Denkmal geht es links hinunter ins Wurmtal, wo der rechte Weg über die Wurm zum **Gut Wolfsfurth** führt.

Die ehemalige Benediktiner-Abtei aus dem 15. Jahrhundert in Kornelimünster

5

Weiter auf der Wasserburgen-Route: Über Würselen führt
der Weg nach Stolberg. Am Gut Wolfsfurth biegt man rechts
ab (Radwanderer, die aus dem Wurmtal kommen, fahren hier
weiter geradeaus), bis das halbverfallene Anwesen Kaisersruh
erreicht ist. Rechts auf dem Radweg läßt sich die *Aachener
Straße* (*B 57*) gefahrlos unterqueren. Auf der anderen Straßenseite geht es auf einem heckengesäumten Asphaltweg weiter,
von dem nach knapp 100 Metern links ein Schotterweg
abzweigt. Der Weg führt durch einen lichten Wald in einen
Park. Nach etwa drei Kilometern ist der **Würselener Markt**
erreicht. Links geht es ins Zentrum, rechts liegt die Kirche St.
Sebastian. Die Route aber führt geradeaus über die *Friedrich-
straße* zum *Willy-Brandt-Ring*.

Würselen (170 m):Das Würselener Stadtwappen
aus dem Jahr 1922 verweist mit silbernen Häm-
mern und Nägeln auf grünem Grund über golde-
nem Dreiberg auf den inzwischen eingestellten Bergbau.
Erstmals 870 n. Chr. erwähnt, hat sich die aus vielen
Gemeinden zusammengesetzte Stadt heute zu einem
modernen Zentrum mit 35 000 Einwohnern entwickelt.
Mit dem Alten Rathaus und der Burg Wilhelmstein bietet
Würselen ein ganzjähriges Kulturprogramm.

Kurz vor dem *Willy-Brandt-Ring* zweigt rechts vor der Lärm-
schutzwand der Radweg ab. An der nächsten Fußgängerampel
überquert man die *Hauptstraße*. Nach rund 300 Metern geht
es links über eine Holzbrücke; anschließend hält man sich
gleich wieder rechts. Nach gut 100 Metern verläuft der
Asphaltweg neben einem stillgelegten Gleisstück weiter. Am
Ende knickt der Weg vor einer weiteren Brücke links ab. Diese
muß nach rechts überquert und anschließend gleich wieder

links verlassen werden. Im weiteren Verlauf der Strecke fährt
man unter zwei Autobahnen her und folgt rechts dem asphaltierten *Broichweidener Weg* am Waldrand entlang.

Wer in St. Jöris den Abstecher zur fünften Etappe suchte
(s. Tour 4), erreicht hier den Anschluß an die Wasserburgen-
Route. Unbedingt bietet sich – am Flugplatz Merzbrück vorbei – auch ein Abstecher zur Wasserburg Haus Kambach in
Kinzweiler an bzw. eine kleine Runde auf der vierten Tour
über Alsdorf zurück nach Aachen.

Mit oder ohne erquickende Rast im **Forsthaus Weiden** geht
es auf dem Asphaltweg weiter durch einen lichten Wald, bis
hinter den Bahngleisen rechts die *Steinbachstraße* abzweigt. An
der Weggabelung fährt man rechts erst unter Bahngleisen her,
dann über Gleise und erreicht an der *Würselener Straße* die
Stadtgrenze von Stolberg.

Archäologische Funde belegen, daß in **Stolberg**
schon zu römischer Zeit Eisenerz abgebaut wurde.
Dieser Bodenschatz hat die Geschichte der Stadt
bis heute geprägt, wobei die industrielle Entwicklung der 60 000 Einwohner zählenden Stadt im 13. Jahrhundert begann. Die Verarbeitung von Kupfer erfolgte in
wehrhaften Hofanlagen, einige davon sind heute noch
erhalten und künden vom Glanz vergangener Zeiten (s. Ser-
viceteil). Neben einer sehenswerten Altstadt lädt Stolberg
mit einer großen Fußgängerzone zum Bummeln ein.

Hier biegt man links auf die *Würselener Straße* ab, folgt an der
Ampel der *Eisenbahnstraße* und passiert, immer geradeaus, in

*Landschaft von besonderem
Reiz: das Münsterländchen*

5

Knapp einen Kilometer
hinter der letzten Auto-
bahn führt links der
Hochwaldweg durch den Würselener Stadtwald zum **Forsthaus
Weiden**, das mit Café, Restaurant
und Biergarten zu einer Pause
verlockt.

der *Rathausstraße* die Fußgängerzone. Am Ende geht es links auf der *Burgstraße* weiter: Auf Kopfsteinpflaster wird man nun, an schönen alten Häusern vorbei, den kurzen Weg zur Stolberger Burg hinauf schieben müssen. Hier treffen die Radwanderer, die den Weg über Kornelimünster genommen haben, wieder auf die Wasserburgen-Route.

 (210 m) ist eine Höhenburg aus dem 12. Jahrhundert. 1448 ordneten die Herzöge von Jülich einen Neubau an, der den Kern der heutigen Anlage bildet. Um 1890 kamen noch einige Auf- und Umbauten hinzu. Nach den Kriegsbeschädigungen wurde die Burg in den 50er Jahren historisch getreu restauriert. Die Burgfeste ist öffentlich zugänglich, im Eingangsbereich befindet sich ein interessantes **Heimatmuseum**. Von hier oben hat man einen sehr schönen Blick über die Stadt.

Auf dem *Luziaweg* geht es den Berg wieder halb hinunter. Vom *Alter Markt* an fährt man auf der *Vogelsangstraße* dann wieder bergauf: So ein Drahtesel darf getrost auch einmal geschoben werden! Der offizielle Weg führt weiter geradeaus über die *Hastenrather Straße* auf den Berg und dann drei Kilometer hinunter ins Tal bis nach Hastenrath.

Empfohlene Umleitung: Zur offiziellen Route besteht eine landschaftlich viel reizvollere und weitaus weniger anstrengende Alternative, die aber leider nicht ausgeschildert ist. Von der *Vogelsangstraße* biegen Sie da, wo das Kopfsteinpflaster aufhört, nach links in die *Saarstraße* ab, eine Anliegerstraße und Sackgasse. Radfahrer können am Ende der Sackgasse weiterfahren. Nach gut 500 Metern geht es auf der *Duffenterstraße* weiter geradeaus. Die nächsten 400 Meter werden dann

zunehmend flacher. Am Verteilerkreis fährt man geradeaus; nach 600 Metern beginnt linker Hand ein schmaler, zwischen zwei Hecken verlaufender Radweg. Gegenüber dem einsam gelegenen **Gut Strauch** biegen Sie links in den Schotterweg (der Abzweig liegt unmittelbar an einer Trauerweide). Entlang des **Eschweiler Stadtwalds** geht es bis zur *Birkenstraße*. Vorsicht: Dieses Wegstück befindet sich in einem schlechten Zustand! Sie biegen rechts in die *Birkenstraße*, passieren eine Straßenkreuzung und kommen am **Alten Forsthaus** vorbei. Am Ende des breiten Asphaltwegs liegt die Gaststätte »Killewittchen«.

Das **Ausflugslokal »Killewittchen«** (206 m) ist ein am Rande des Eschweiler Stadtwaldes gelegenes Waldcafé mit einem eindrucksvollen Blick vom Eifelrand hinunter in Richtung Eschweiler Börde. Dominierend ist das Braunkohle-Kraftwerk Weisweiler. Der Name Killewittchen geht der Sage nach auf ein Völkchen zurück, das vor über hundert Jahren in einem großen, vom Bergwerksverein abgetragenen Kalksteinfelsen hauste. Ähnlich wie die Kölner Heinzelmännchen, nahmen die Zwerge vor allem nachts den Bauern ihre Arbeit ab. Eines Tages aber waren sie fort – kein Mensch weiß warum.

Am Gasthaus vorbei führt ein Asphaltweg nach einer scharfen Serpentine hinunter in Richtung Hastenrath. Am Ende des Weges biegt man rechts und im Ort links auf die *Albertstraße* ab. Hier ist die Wasserburgen-Route, die man in Stolberg verlassen hatte, wieder erreicht.

An der großen Kreuzung in Hastenrath radelt man schräg rechts in die *Wendelinusstraße*. Hinter der Kirche geht es rechts

Blick auf die Börde mit dem Braunkohle-Kraftwerk Weisweiler

Am »Killewittchen« vorbei fährt man in Richtung **Hastenrath**. *An der Albertstraße im Ort trifft man wieder auf die Wasserburgen-Route!*

← Anschluß siehe Karte 13
Anschluß siehe Karte 15 →
Karte 14
Unterstolberg
Geisberg
Buschmühle
England
Münster
Kohlbusch
Liester
NSG
Standort übungsplatz
Haumühle
Bocksmühle
Gedau
Brander Wald
Büsbach
Bausche ber
Rothe Erde
EILEN-DORF
FORST
Haarhof
Haarhof
Freund
Tannenbusch
Tiefenthal
Münster
RTSCHEID
Beverau
Driescher Hof
BRAND
Komerich
Dorff
Wingertsberg
Heidbenden
Schöntal
Waldfriedhof
Friedhof Lintert
Grauenhof
Lintert
Kraut hausen
Steinebrück
Waldhausen
Heidchen
Herffs Erb
Elleterberg
Hitfeld
Nieder-forstbach
Im Krebsloch
Breiniger heide
Gut Schwarzenburg
Hirtzley
Wald
Königsberg
Augustiner-
Eich
Bierstrauch
Wildenhof
Bau
NSG
Breinig
Forsthaus Grüne Eiche
wald
Kohlshof
Kloster
Wilburg
Kornelimünster
ländchen
Schomet
Talarenkopf
Ober-forstbach
Entenplatz
Schleckheim
Bleihütte
Breining
Grenzübergang Lichtenbusch
Lichtenbusch
Rast-stätte
Eichstütterhof
Land-mehring
Nütheim
Iternberg
Schlausermühle
Höniger Hof
250 m   500 m   750 m

in den *Schwarzen Weg* und von diesem kurz danach links in die *Scherpenseeler Straße*. Wiederum links zweigt der *Kapellenweg* ab, der zur **Gressenicher Mühle** am Omerbach führt. Jetzt befindet man sich im Kreis Düren.

Nachdem der Bach überquert wurde, fährt man links bis zu einer Weggabelung. Der rechte Weg führt in einer engen Kurve rechts um einen Weidenbaum herum den Hang hinauf.

Der zunächst schlechte, bei Regen matschige Weg, geht nach einigen 100 Metern in einen asphaltierten über. Der hier links abzweigende Schotterweg führt hinauf zum **Tannenhof**. Man fährt rechts in die *Heisterner Straße*, biegt nach weiteren 300 Metern links ab und radelt durch den Wald zur nächsten Burg.

Über den *Nothberger Weg* geht es weiter nach Heistern. Man biegt rechts in die *Weisweiler Straße* und muß nach 100 Metern auf der Kreuzung schräg gegenüber in die *Wenauer Straße* einbiegen. Diese führt bergab direkt zum Kloster.

Ein rücksichtsvoller Zugang zum **Kloster Wenau** (160 m) mit seiner alten Kirche ist bis in den Innenhof möglich. Neben einer Dauerausstellung von Sakralkunst wird hier Kunst der unterschiedlichsten Richtungen gezeigt. Der Legende nach basiert die Klostergründung auf der unglücklichen, weltlichen Liebe von Gottfried von Laufenberg und Alheidis von Merode, die schließlich in einer ›heiligen Freundschaft‹ endete. Beide sollen vom Abt des Klosters Floreffe (bei Namur) als Vorsteher und Vorsteherin des von

ihnen gegründeten Klosters Wenau eingesetzt worden sein. Vermutlich aber entstand das Prämonstratenserinnenstift um 1120 als Ableger des Klosters Floreffe unter Hilfe der Herren von Heinsberg und/oder des Hauses Limburg. Das Kloster galt über Jahrhunderte als sehr reich, denn nur adlige und meist reiche Jungfrauen, die ihr Hab und Gut dem Kloster vermachten, durften sich hierher zurückziehen, um Gott zu dienen. Mit dem Überfluß versorgten die Schwestern die Armen der Umgebung.

Vom Kloster Wenau aus fährt man rechts hinunter zur Landstraße (*L 12*) und biegt links auf den Radweg nach Langerwehe ab. Nach 100 Metern zweigt rechts die Zufahrt zur Laufenburg ab. Auf knapp zwei Kilometern geht es auf einem leicht ansteigenden Schotterweg durch den Wald.

Weiter führt die Route auf der *L 12* Richtung Langerwehe. Nach etwa zwei Kilometern erreicht man die Siedlung Schönthal, die am Wehebach liegt.

Die **Siedlung Schönthal** besaß einst eine regionale wirtschaftliche Bedeutung: In einem Hammerwerk wurde seit dem 16. Jahrhundert Messing verarbeitet. Im 19. Jahrhundert kam dann noch eine Nadelfabrikation hinzu.

Die **Laufenburg** (240 m) ist eine im 17. Jahrhundert zerstörte, aber inzwischen hervorragend restaurierte Burg mit zwei Türmen. 1396 ist sie als »Offenhaus« des Stiftes Aachen erwähnt; sie dürfte aber bereits vorher durch einen Grafen von Limburg als

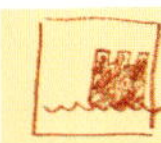

Burg Holzheim (190 m) ist eine sehr schöne, kastellartig gebaute ehemalige Wasserburg mit großem Innenhof. Sie geht auf das Jahr 1122 zurück. Das Herrenhaus entstand im 14./15. Jahrhundert. 1893 wurde die Anlage im jetzigen Stil umgebaut. Sie beherbergt heute einen landwirtschaftlichen Betrieb mit Reitstall. Der Zugang in den Innenhof der sagenumwobenen Burg ist offen, Führungen finden aber nur nach vorheriger Anmeldung statt.

Anschluß siehe Karte 16 →
← Anschluß siehe Karte 13
Anschluß siehe Karte 14
Karte 15
Rothgen
Stich
Aue
Bergrath
Wald
Pumpe
Siedlung
Waldschule
Eschweiler
Steinfurt
NSG
Stadtwald
Altes Forsthaus
Hastenrath
Böhl
Volkenrath
Nothberg
Boven-berger
Bodenberg
Burg
Bovenberg
Ruine Karlsburg
Schönthal
Heistern
Blumental
Buschhof
Wald
Burg Holzheim
Tannenhof
Gressenicher Mühle
Lamersdriesch
Bovenberg
Eichenhof
Forsthaus
Wenau
Scherpenseel
Hamich
Köttenich
Donnerberg
Albertshof
Allmannshof
Werth
Kalkstein
Forsthaus Wenau
Laufenburger
STOLBERG
(Rheinland)
Hochweger Hof
Duffenter
Niederhof
Weißenberg
Segelfluggelände
NSG
Gressenich
Scheven-hütte
Hüttenhau
Liester
Oberstolberg
Hammerberg
Burgholzer Hof
Diepenlinchen
Ellerberg
Buschhausen
Joaswerk
Krohmbroichen
Wald
NSG
Hammerberg
Burgholz
NSG
Triffelsberg
Gressenicher
Wald
Bad (Ringwall)
Bauschenberg
NSG
Binsfeldhammer
Kalkstein
Bernhardshammer
Mausbach
Weißen-kopf
Derichsberg
Fleuth
Krewinkel
Bend
Nassenberg
Wald
Wehebach-talsperre
Hüttsiefen
250 m 500 m 750 m

5

Zu Beginn des 19. Jahrhunderts zog in den **Weyerhof** ein gewisser Aachener Oberförster Schillings ein, dessen Söhne Weltruhm erlangten: Carl Schillings wurde als Afrikaforscher und Schriftsteller bekannt, sein Bruder Max war Generalintendant der Staatsoper Berlin.

Schutzburg für das Kloster Wenau entstanden sein, denn der Name Laufenburg verweist auf die Löwen im Wappen der Limburger. Vom Restaurant, in dem man auch im Freien bewirtet wird, hat man eine schöne Aussicht vom Burgturm über den Hürtgenwald in Richtung Aachen.

Über die *Schönthaler Straße* erreicht man schließlich den Bahnhof Langerwehe.

Im Ortsteil Rymelsberg von Langerwehe (140 m) siedelten sich um 1000 n. Chr. erste Töpfer an. Dieses Handwerk bildete über Jahrhunderte die wirtschaftliche Grundlage des Ortes. Im alten Pfarrhaus ist der tausendjährigen Tradition ein **Töpfereimuseum** gewidmet.

An der Bushaltestelle in Schönthal zweigt die Wasserburgen-Route rechts ab. Der leicht ansteigende Weg führt durch den Wald nach Jüngersdorf. Hinter den ersten Häusern der *Holzgasse* biegt man rechts in die *Kapellenstraße*, an deren Ende links in die *Bachstraße* und anschließend rechts in die Straße *Am Weiherhof* ein. 100 Meter hinter den letzten Häusern – Vorsicht, auf diesem Stück gibt es keinen Radweg – geht es von der *K 27* aus rechts in einen Feldweg. Dieser mündet nach einem Linksknick in die *Schloßstraße*, die um den Park herum führt. Dort befindet sich auch der Zugang zum allerdings nicht zugänglichen Schloß Merode.

Merode (150 m) ist ein eindrucksvolles Wasserschloß mit Hauptgebäuden und separatem Turm, von dem die Leute im 15. Jahrhundert behaupteten, es habe so viele Fenster wie das Jahr Tage habe. Das

Geschlecht der Familie des Fürsten von Merode-Westerloo hat hier seinen über 800 Jahre alten Stammsitz. In einer Urkunde Kaiser Friedrich Barbarossas vom 11. April 1174 ist ein Werner von Merode als Zeuge aufgeführt. Die kommunale Neugliederung von 1972 hat die ›Herrschaft‹ im Lande Merode durch Gebietsaufteilungen endgültig besiegelt. Eine Aussicht auf die Burg ist nur von der Zufahrtsschranke aus möglich.

Zurück auf der *Schloßstraße* folgt man dem Hinweisschild zur »Gaststätte Wetterstein« in Richtung Ehrenfriedhof. Vor dem Gittertor im Wald biegt man links ab, fährt über einen kleinen Bach, an einem Sportplatz vorbei bis zu einer Lichtung mit Parkbank. Hier geht es rechts auf den Schotterweg, der weiter durch den Wald führt. Das nächste Gittertor läßt man rechts liegen und erreicht am Ende des Waldweges Gut **Haus Hardt**, einen landwirtschaftlichen Betrieb mit alten Gemäuern. Auf der *Schevenhüttener Straße (L 25)* fährt man bis in den Dürener Ortsteil Gürzenich. Vorsicht, es gibt keinen separaten Radweg! Auf der *Schillingsstraße* führt die Route am **Weyerhof**, dem einstigen Versorgungsgut des Klosters Schwarzenbroich, vorbei.

Kurz bevor die *Schillingsstraße* endet, geht es rechts auf dem *Trierbachweg* bis zu einer Straßensperre. Hier führt links die Straße *Graf-Schellart-Platz* zur nicht mehr vorhandenen Gürzenicher Burg.

Von der einstigen, wohl vor 1143 entstandenen **Wasserburg Gürzenich** (135 m), sind nur noch die Gräben in der neben dem Kreuderschen Hof liegenden Wiese auszumachen. Das Abbruchmaterial diente im 19. Jahrhundert zum Bau des Hofes, vor allem an der Westfront sind die großen Steinquader gut zu erkennen.

Der Sage nach schoß einst der Graf Schellart am Fronleichnamstag in der nahen Schloßkapelle auf den Pfarrer, weil dieser mit dem Beginn der Prozession nicht hatte auf ihn warten wollen. Der sterbende Gottesmann weissagte dem Graf den nahen Untergang seines Schlosses.

Man passiert die Straßensperre und fährt auf dem später gepflasterten *Trierbachweg* an einem Golfplatz vorbei durch die Felder bis nach Birgel. Am Ortseingang geht es rechts in die *Krahkopfstraße*, am Ende wird diese zur *Bergstraße* . Noch 200 Meter und das Eingangstor der alten Raubritterburg Birgel ist erreicht.

Birgel (160 m) ist eine aus dem 13. Jahrhundert stammende siebenachsige Wasserburg mit zwei Türmen, deren heutige Erscheinung auf den Wiederaufbau im 17. Jahrhundert zurückgeht. Über lange Zeit galt sie als Raubritternest. Zwischen 1840 und 1913 war Birgel Sitz der Dürener Industriellenfamilie Schoeller (diese besaß zeitweise auch Schloß Burgau in Niederau). Das in dieser Zeit gebaute neue Herrenhaus wurde im Zweiten Weltkrieg völlig zerstört. Erhalten blieb somit nur die Vorburg, in der heute die Grundschule Birgel untergebracht ist. Der Zugang zum Innenhof ist offen.

Gegenüber dem Burgeingang, rechts neben der Kapelle, geht es auf der *Ritterstraße* weiter. Man überquert die *Monschauer Landstraße* (*B 399*) und folgt anschließend dem asphaltierten Feldweg. Hinter dem ersten Feld führt der Weg links den Hang hinunter. Man überquert die *K 27* (Vorsicht!) und biegt vor den ersten Häusern rechts ab. Dieser von Bäumen gesäumte Weg führt immer geradeaus zum zwei Kilometer entfernten Gut Pimmenich.

Der Name des Gutes (150 m) taucht 1386 zum ersten Mal bei der Aufzählung der Weinberge des Herzogs von Jülich auf. Die Hofanlage **Gut Pimmenich** am Ufer der Rur war also lange Zeit Jülicher Tafelgut, was bedeutet, daß deren Erträge einschließlich der neun Hektar großen Weinberge der fürstlichen Hofhaltung diente. Von der ehemaligen befestigten Hofanlage beeindruckt das Haupthaus, das man vom Tal aus gut erkennen kann.

Nachdem man am Gut vorbeigefahren ist, muß hinter dem Stoppzeichen geradeaus ein kurzes Stück auf der hier abzweigenden *K 29* gefahren werden (Vorsicht!). Nach 100 Metern auf dieser vielbefahrenen Straße führt links ein asphaltierter Feldweg ins Rurtal hinunter. Wer am Ende links ein Stück vor dem vorbeifließenden Mühlenbach entlang fährt, hat von hier einen ausgezeichneten Blick auf das Herrenhaus von Gut Pimmenich. Diejenigen, die auf diesen kurzen Abstecher verzichten, radeln rechts über eine kleine Brücke am Mühlenbach entlang bis zum Industriegebiet. Auf dem ehemaligen Mühlengelände mit seinen neueren Backsteingebäuden aus dem 18. Jahrhundert ist heute ein Kunststoffunternehmen tätig. Hier muß gleich links in die Straße *Friedenau* abgebogen werden. Hinter der Rurbrücke hält man sich links und radelt ein Stück auf dem Rurufer-Radweg. Es geht zunächst an einem Sportplatz vorbei, anschließend überquert man neben der Haltestelle der Rurtalbahn »Tuchmühle« die Bahngleise. Nach einigen hundert Metern zweigt links die schmale Straße *Im Spich* ab, an deren Ende geht es rechts in die *Von-Aue-Straße*. An der Kapelle hält man sich links und überquert an einer Ampel die stark befahrene *Kreuzauer Straße* (*L 249*). Schon nach einigen Metern führt die *Von-Aue-Straße* links zum Schloß Burgau.

5

Gleich am Ortseingang von Merode, in der Schloßstraße 2, hat sich ein **Biohof** auf Kürbisse spezialisiert. Bisher wurden schon 100 verschiedene Arten gezüchtet– und es sollen noch mehr werden!

Hackefey hieß die Hexe auf **Schloß Burgau** (140 m), die sich der Sage nach beim Teufel ein Paar goldene Pantoffel verdiente. Ihr war es gelungen, ein junges verliebtes Paar auf dem Schloß durch Hinterlist zu trennen. 1975 wurde mit der Restaurierung der mächtigen Burganlage begonnen. Ihre Ursprünge gehen auf eine Motte aus dem 11./12. Jahrhundert zurück. In der viertürmigen, bereits hergerichteten Vorburg sind Veranstaltungsräume und ein Café untergebracht. Nach dem Abschluß der von Dürener Bürgern zur Rettung Burgaus betriebenen Renovierungen soll das Schloß der Öffentlichkeit ganz zugänglich gemacht werden.

Von der Burg kommend führt rechts herum ein Schotterweg durch den Park, den man in der Mitte des Halbkreises nach links verlassen muß. Durch den Stadtwald, das **Naturschutzgebiet Burgauer Wald**, geht es nun in Richtung Dürener Innenstadt. Hinter dem **Forsthaus Weyern** biegt man nach links, fährt an einem Weiher vorbei und gelangt zum Gut Weyern.

Der frisch renovierte **Gutshof Weyern** (140 m) war schon vor 1336 in Jülicher Besitz – bevor die Grafen von Jülich Markgrafen wurden – und er blieb es bis zur französischen Besetzung. Vier Weiher dienten nach 1754 der Fischzucht. Aus dieser Zeit stammen wohl auch die schrägen Ziegelsteinpfeiler mit dem Wahrzeichen von Gut Weyern an der Einfahrt. Seit 1940 ist die Anlage im Besitz der Stadt Düren, die das Gut samt 330 Morgen Land damals für 328.000 DM erwarb.

Man fährt nun am Gut Weyern vorbei, passiert die *Nideggener Straße* an einer Fußgängerampel und überquert anschließend die Bahnlinie in Höhe der Haltestelle »An der Kuhbrücke«. Vor der Rur biegt man rechts auf den **Rurufer-Radweg**. Am Dürener Haltepunkt »Annakirmesplatz« unterquert man die *Aachener Straße* und trifft an der nächsten Brücke auf die *Tivolistraße*, die man rechts hinunter fährt. An der nächsten großen Kreuzung geht es links in die *Philippstraße*. Hinter der Bahnunterführung ist mit dem rechts liegenden Hauptbahnhof Düren das Ende der fünften Tour erreicht.

Service

Information

Stadtverwaltung Aachen, *Tel: 02 41/432–0 ·* **Verkehrsverein Bad Aachen e.V.**, *Informationsbüro Elisenbrunnen, Friedrich-Wilhelm-Platz, 52062 Aachen, Tel: 02 41/180 29–60 ·* **Stolberg: Stadtverwaltung**, *Rathausstraße 44, Tel: 024 02/13–499 ·* **Eschweiler:** *s Service Tour 4 ·* **Langerwehe: Gemeindeverwaltung**, *Schönthaler Str. 4, Tel. 024 23/409–0 ·* **Aachen:** *Kaiser-Route, Fernwanderradweg von Aachen nach Paderborn · 2-Länder-Route von Aachen nach Nijmegen · Das Routennetz der Stadt Aachen mit 17 Radrouten · alle Tel: 02 41/180 29–60 · Radwegekarte Kreis Aachen (ab Frühjahr '99 erhältlich)*

Bahn

Zentralauskunft: *Tel: 0241/194 19 ·* **Stolberg:** *Rhenaniastraße 3 ·* **Langerwehe:** *Bahnhofsplatz 14*

Rad & Hilfe

Aachen: *Hobbit Fahrräder, Beeckstr. 1-3, Tel: 02 41/494 75 ·* **Stolberg:** *Zweirad Koll, Bierweiderstr. 27, Tel: 024 02/220–1 · Zweiräder Gilleßen, Schneidmühle 13, Tel: 024 02/69 69 ·* **Langerwehe:** *Spielwaren Rosarius, Hauptstr. 109, Tel: 024 23/21 59 · Fahrräder Frank Staub, Weberstr. 36, Tel. 024 23/79 56 · Autobedarf Cremer, Hauptstr. 185, Tel: 024 23/30 32*

(Rad-)Taxi

Aachen: *Tel: 02 41/344 41 · 580 00 · 666 66 · 50 10 55 · 51 11 11 · 97 09 00 ·* **Stolberg:** *Tel: 024 02/33 33 · 44 44 · 55 55 ·* **Langerwehe:** *Tel: 024 23/411 15 · 833 22 · 580 55 · 523 73 · 330 03 · 422 10 ·* **Eschweiler:** *Tel: 024 03/30 90*

Burg/Schloß

11 Anlagen *max. 3 km von der Hauptroute entfernt* **mind. 20 Anlagen** *max. 10 km von der Hauptroute entfernt*

Sehenswürdigkeiten/Kultur

Aachen: Allg. Information: *Tel: 02 41/180 29–60 ·* **Kleine Auswahl:** *Burg Frankenberg, Museum zur Stadtgeschichte, Bismarckstr. 68, Tel. 02 41/432–44 10 · Dom, Domschatzkammer, Rathaus, Suermondt-Ludwig-Museum, Couven-Museum, Computer-Museum, Tel: 02 41/180 29–60 · Ludwig-Forum für Intern. Kunst, Jülicher Str. 97–109, Tel: 02 41/18 07–0 · Internationales Zeitungsmuseum, Pontstr. 13, Tel: 02 41/432–45 08 · Historische Eisenbahn-Selfkant-Bahn, Tel: 02 41/823 69 ·* **Stolberg:** *Heimat- und Handwerksmuseum, Stolberger Burg, Luziaweg, Geöffnet: Sa/So: 14–18 Uhr, u.n.Vereinb., Tel: 024 02/817 20 · Museum für Industrie-, Wirtschafts- und Sozialgeschichte, Zinkhütter Hof, Cockerillstr.90, Tel: 024 02/903 13–0 ·* **St. Atsch:** *Vennbahn Museum, Rhenaniastraße1, Di 19–22 Uhr u. So 14–18Uhr, Tel: 024 02/211 51 · Vennbahn, Tel: 024 02/211 80 ·* **Langerwehe:** *Burg Holzheim, Bes. n. Voranm., Tel: 024 23/34 24 · Töpferei-Museum, Pastoratsweg 1, Sa u. Mo geschlossen, extra Führungen n. Voranm., Tel: 024 23/44 46*

Touren-Tips

Aachen: Bahnhof Gillrath, *ca. 30 km von Aachen entfernt, Tel: 024 81/669 90 ·* **Historische Eisenbahn - Vennbahn**, *V.O.E., Raeren (B), Bahnhofstraße, ca. 15 km von Aachen entfernt, Tel: 00 32/87/85 82 85 ·* **Langerwehe: Ehrenfriedhof** *in Merode ·* **Jugendherberge Colynshof**, *Maria-Theresia-Allee 260, Tel: 02 11/577 03–30* **Schwimmbäder:** *Aachen: Freibad Hangeweiher, Am Hangeweiher 32, Tel: 02 41/72 788 · A. Brand, Wolferskaul 19a, Tel: 02 41/ 52 03 23 · Thermalbaden im Kurbad Quellenhof, Monheimsallee 52, Tel: 02 41/18 029 · Stolberg: Hallenbad-Sportzentrum, Glashütter Weiher, Tel: 024 02/13 443 · Eschweiler: Hallenbad Eschweiler, Jahnstr. 16, Tel: 024 03/24 806*

5

Alljährlicher Höhepunkt auf Burg Satzvey sind die Ritterspiele

Tour 6: Streifzug durchs Burgen-Paradies am Eifelsaum

Wegverlauf: *Stadt Düren – Gemeinde Kreuzau – Stadt Nideggen – Stadt Heimbach – Stadt Mechernich – Stadt Bad Münstereifel – Stadt Euskirchen* · **Länge:** *ca. 60 km* · **Highlights:** *Freizeiteinrichtungen Rurtal, Freilichtmuseum Kommern, Bad Münstereifel, Steinbachtalsperre, Ruine Hardtburg*

Von April bis Oktober verkehrt der »Nostalgische Dampfzug« zwischen Heimbach und Jülich

Nach der Ausfahrt von Düren entlang der Rur bis nach Niederau mit dem eindrucksvollen Schloß Burgau steht nun die große Entscheidung an: flach oder hügelig? Die sechste und siebte Etappe der Wasserburgen-Route haben Ausgangs- und Endpunkte gemeinsam: Beide beginnen am Hauptbahnhof Düren und enden in Euskirchen. Während Route 7 aber am Rande der Dürener Börde verläuft und kaum nennenswerte Steigungen besitzt, führt Tour 6 durch das Rurtal und am hügeligen Eifelrand entlang. Zunächst geht es das Rurtal hinauf bis ins Naherholungsgebiet der Rurtalsperre. Kurz vorher müssen in Hausen auf drei Kilometern Länge ca. 150 Höhenmeter bewältigt werden – das ›schlimmste Schiebestück‹ der gesamten Wasserburgen-Route. Dafür lockt die stolze 60 Kilometer lange Tour 6 mit 21 Burgen, Attraktionen und Freizeitangeboten sowie einer grandiosen Landschaft und beeindruckender Fernsicht. Ein Höhepunkt dieser Etappe ist das Rheinische Freilichtmuseum Kommern. Für Radler, die vor einigen kürzeren Steigungen nicht zurückschrecken, ist sie eine attraktive Alternative zur rund 35 Kilometer langen Tour 7. Im Rurtal verläuft der Rurufer-Radweg bis Heimbach zunächst nahezu eben. Wer will, kann diese Strecke auch mit der Dürener Kreisbahn zurücklegen, zu bestimmten Zeiten fährt hier auch eine Dampflok. Wer nicht zurückradeln möchte, muß nun eine ca. drei Kilometer lange Steigung überwinden, um das Rurtal zu verlassen. Auch der weitere Weg auf den Eifelhöhen nach Euskirchen weist einige Steigungen auf, die allerdings nie lang sind und bei entsprechender Kondition und guter Übersetzung geradelt werden können.

Wer sich das Rurtal einmal ohne jegliche Anstrengung anschauen möchte, dem sei die **Dürener Kreisbahn** empfohlen. Es besteht eine Verbindung zwischen Heimbach über Düren nach Jülich. Regelmäßig von April bis Oktober fährt der Rurtalexpress mit seinem »Nostalgischen Dampfzug«. Mit der Rurtalbahn läßt sich der erste Teil der sechsten Radtour, der über den Rurufer-Radweg zur Rurtalsperre bei Heimbach führt, abkürzen. So können einige kleinere Steigungen, etwa zwischen Brück und Abenden oder zwischen Blens und Hausen, mit der Bahn umfahren werden. Man kann die Tour zur Rurtalsperre jederzeit unterbrechen oder von einer beliebigen Haltestelle aus ein Teilstück mit der Rurtalbahn zurücklegen.

Düren (140 m) selbst bietet Kultur und Erholung: Neben dem Papiermuseum und dem Töpfereimuseum in Langerwehe kann man am Badesee Echtz oder Badesee Düren schwimmen und entspannen.

Römisches Viadukt bei Vussem

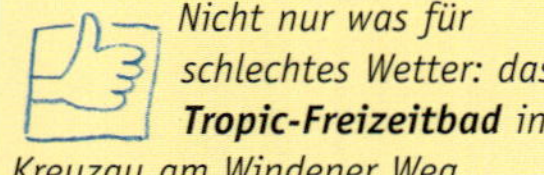

Diejenigen, die sich für ihren Drahtesel entschieden haben, verlassen den **Dürener Hauptbahnhof** in die linke Richtung. An der *Veldener Straße* biegt man links ab, unterquert eine Bahnbrücke und fährt auf der *Philippstraße* bis zu einer großen Kreuzung. Hier geht es rechts auf der *Tivolistraße* weiter, bis man, nachdem Bahngleise überquert wurden, links vor der Brücke auf den Rurufer-Radweg hinunterfahren kann. Nach zwei Kilometern liegt linker Hand ein Sportzentrum. Hier biegt man links ab, überquert zunächst die Bahnstrecke und anschließend die *L 249*. Der Weg führt am **Gut Weyern** vorbei (s. Tour 5). Vor dem gleichnamigen Forsthaus zweigt rechts die Zufahrt durch den Stadtwald zum **Schloß Burgau** ab.

Vom Schloß aus führt rechts herum ein Schotterweg im Halbkreis durch den Park. Auf der anderen Seite fährt man auf der Straße *Am Tierheim* bis zur Landstraße *L 327*.

An diesem Punkt trennen sich die sechste und siebte Etappe:

Während Tour 7 links über Stockheim nach Euskirchen führt, wird Tour 6 auf der anderen Seite der Landstraße fortgesetzt. Entlang des Waldrands geht es auf einem Schotterweg in Richtung Kreuzau. Bevor das nächste Waldstück erreicht ist, biegt man rechts in die Verlängerung der *Friedhofstraße* ein. Sie ist für den Autoverkehr gesperrt. Nachdem die *Dürener Straße* an der Fußgängerampel und der Bahnlinie überquert wurde – rechts geht es zum Haltepunkt Kreuzau –, radelt man geradeaus in die Feldstraße, eine für Radfahrer freigegebene Einbahnstraße. Auf der anschließenden *Hauptstraße* geht es rechts zur Burg Kreuzau.

Die Ursprünge von **Kreuzau** (200 m) reichen bis ins 13. Jahrhundert: Der Name der Wasserburg geht auf die Herren von Ouwe zurück. 1668 ließ sich ein Oberstleutnant von Torck das überschuldete Anwesen schenken. Als aber Jülich Ansprüche auf die Burg erhob, zerstörte Torck das Haupthaus und brachte sich und seinen Erben damit einen 25 Jahre andauernden Prozeß ein. Die Struktur der ehemaligen Anlage ist allerdings auch heute noch erkennbar. Aus dem 18. Jahrhundert stammt das Wohnhaus, ein schlichter Backsteinbau mit sieben Achsen und einer Tordurchfahrt. In der fast geschlossenen Hofanlage befindet sich ein Biohof mit angeschlossenem »Bauernlädchen«.

Zur Weiterfahrt überquert man die *Hauptstraße* in Kreuzau, durchfährt die *Mittelstraße* und biegt am Ende links in die *Teichstraße* ein. An einem Stoppschild hält man sich rechts und fährt auf dem *Windener Weg* am Freizeitbad vorbei. 50 Meter vor einer Straßenbrücke zweigt rechts ein Weg ab, der hinunter zur Rur führt. Hier folgt man links flußaufwärts dem Rurufer-Radweg. Über die erste Brücke wechselt man die Flußseite und kommt so links entlang des Waldrands zur Brücke in Üdingen. Auf der anderen Straßenseite geht es weiter geradeaus und hinunter zur Rur. Hinter der nächsten Brücke folgt man dem Asphaltweg an einem Campingplatz vorbei und erreicht in Schlagstein einen großen Platz. Hier, nicht leicht zu erkennen, geht es halb rechts neben der großen Trauerweide, nicht über die Brücke, sondern davor links auf dem Schotterweg unter Bäumen weiter an der Rur entlang. Am Bahnübergang wechselt man rechts über eine Fußgängerbrücke die Flußseite und fährt bis zu einer Weggabelung. Um die Wasserburgen-Route fortzusetzen, muß man

Mariaweiler
gürtel
Übergeich
Rothaus
Palmshaus
Konzendorf
K 24
Jüngersdorf
igsdriesch
D'horn
B 264
Badesee Düren
Bad
DÜREN
Schlich
Schloß Merode
K 27
Merode
Erbs-
Gürzenich
Derichsweiler
Gürzenicher Burg
Rölsdorf
Anschluß siehe Karte 15
Anschluß siehe Karte 17
Boisdorfer Siedlung
Br
Weyerhof
Gut Weyern
Haus Hardt
Krummer Bach
Gürzenicher Bach
Mozenborn
Haus Boisdorf
Bad
Knosterberg
Birgel
Hinzenbusch
Lendersdorf
Schwarzenbroich
(Klosterruine)
B 399
Burg
ND
Karte
16
Wald
Gürzenicher Bruch
Lendersdorf
Burgau
Wolfsschlund
Niedera
Berzbuir
Kloster
L 327
Forsthaus Diergardt
Forsthaus Gey
Berzbürer Knipp
Pimnich
K 29
Der Hochwald
Schöllershof
Kreuzau
Katzenknipp
Geyer Kreuz
Binnesburg
Haus
Althubertushöhe
Gey
K 29
Anschluß siehe Karte 17
250 m   500 m

In dem restaurierten Turm der Burg Nideggen ist das sehenswerte Rheinische Burgenmuseum untergebracht

hier scharf links abbiegen. Zur Zufahrt der Burg Maubach hingegen fährt man keine 50 Meter weiter geradeaus und steht an der *K 30* unterhalb der Burg.

Auf einer kleinen Anhöhe oberhalb der Rur liegt die stattliche **Burganlage Maubach** (170 m), bei der es sich im Kern um eine Turmhügelburg aus dem 12. Jahrhundert handelt. Im Laufe der Jahrhunderte wurde sie neu errichtet, aus- und umgebaut. Erhalten geblieben sind der quadratische, mit dem Wohnhaus verbundene Bergfried und die Burgmauer mit drei Rundtürmen und Torturm. Die Burgkapelle kam erst im 19. Jahrhundert hinzu. Im Ort selbst stehen viele Fachwerkhäuser im fränkischen Stil.

Nachdem man an der Weggabelung abgebogen ist, fährt man weiter bis kurz vor Obermaubach. Hier überquert man nach links abermals die Rur. Die Strecke führt an einem Fußballplatz und dem Clubhaus eines Kanuvereins vorbei zum großen Stauwehr. In unmittelbarer Nähe befindet sich die Bahnstation »Obermaubach«. Auf einem Asphaltweg neben dem Rur-Staubecken geht es geradeaus weiter – am **Campingplatz Gut Mausauel** mit Restaurant und Biergarten vorbei. Anschließend überquert man rechts erst die Bahnstrecke und dann die Rur. Am **Gut Kallerbend** wird erneut die Flußseite gewechselt, vor der Bahn rechts führt der asphaltierte Weg bis in den Ort Zerkall.

Auf dem *Mühlenweg* geht die Route weiter. Hinter einer Rechtskurve und vor dem Fachwerkhaus biegt man links ab und fährt dann wiederum links in die *Bergsteiner Straße* (*L 11*); hier gibt es keinen Radweg! Am Haltepunkt »Brück« vorbei geht es bis in den gleichnamigen Ort. Schon von weitem hat man Aus-

sicht auf die das Rurtal überragende berühmte Burg Nideggen. Am Verteilerkreis geht es auf der *Burgstraße*, die über eine Rurbrücke führt, weiter geradeaus. Wer die Burg auslassen möchte, biegt auf der anderen Flußseite rechts in den *Schüdderfelder Weg* ein.

Ein Besuch der Burg Nideggen lohnt sich unbedingt, ist allerdings mit gewissen Mühen verbunden: Nachdem man die Rur überquert hat, radelt man 150 Meter neben der Landstraße (*L 11*) hinauf bis zur großen Straßenkreuzung in Nideggen. Hier zweigt rechts die Straße *Im Altwerk* ab. Es geht durch Ort und Stadttor auf Kopfsteinpflaster am Markt vorbei zur Burg.

Für Burgenfans und Freunde mittelalterlicher Städtchen ist **Nideggen** ein unbedingtes Muß. Der einst von einer Stadtmauer umgebene Ort, der mit der Burg verbunden war, bezaubert durch seine schmalen Gassen aus Kopfsteinpflaster und das mächtige Stadttor. Im Aufbau erinnert Nideggen an die Stadt Blankenberg an der Sieg. Von der Burg aus hat man einen großartigen Blick ins Rurtal. Unter dem Fußboden der alten Pfarrkirche sollen die Gebeine eines Riesen liegen, des »Starke Helmes«, der einst in der Burg gewohnt und im Rurtal sein Unwesen getrieben haben soll. Seine Seele soll auch nach seinem Tode keine Ruhe gefunden haben, daher saust er in Sturmnächten noch heute durch die umliegenden Wälder!

Burg Nideggen (330 m) ist eine Ruine mit restauriertem Bergfried aus dem Jahre 1177. Im 13. und 14. Jahrhundert war die mächtige Anlage oberhalb der Rur bevorzugte Residenz der Grafen von Jülich. Nach der Eroberung 1542 durch Brabanter Truppen verfiel die ehemalige

Landesburg. In dem restaurierten Burgturm ist das sehenswerte **Rheinische Burgenmuseum** untergebracht. Hier wird die Geschichte vom »Schluffjahn« erzählt, dem ersten Burggrafen von Nideggen, der den Kölner Erzbischof Engelbert von Falkenburg dreieinhalb Jahre gefangen hielt. Der Sage nach mußte der Graf wegen der von ihm begangenen Grausamkeiten über Jahrhunderte mit schweren Ketten durch die Burg irren.

Der Weg von der Burg Nideggen zurück zur Wasserburgen-Route führt über die *Zülpicher Straße* und an der Kreuzung rechts auf dem parallel zur *Abendener Straße* (*L 249*) verlaufenden Radweg wieder hinunter ins Rurtal. Vor einem Parkplatz zweigt rechts die Straße *Im Hag* ab. An der *Mühlbachstraße* ist die Wasserburgen-Route wieder erreicht (Wer hier rechts abbiegt und die Rur überquert, kommt zur Bahnstation »Abenden«).

Diejenigen, die den Abstecher von Brück aus zur Burg Nideggen ausgelassen haben, radeln auf dem *Schüdderfelder Weg* weiter. An einer Weggabelung, vor dem von hier aus sichtbaren Gut Schüdderfeld muß an der Weggabelung links an der Schranke vorbei den Hang hinauf gefahren werden. Nach rund 700 Metern aber geht es auf dem Asphaltweg eineinhalb Kilometer bergab hinunter zur Rur. Zwischendurch muß man am Waldrand rechts und am Wegende dann links abbiegen, bis man den Ort Abenden erreicht hat. An der ersten Kreuzung geht es auf der *Palanderstraße* rechts weiter.

Im Ort fährt man an der Rur-Brücke die *Mühlbachstraße* hoch und biegt rechts am »Hotel zur Post« in die *Blenser Straße* ab.

Am Ende der Straße geht es auf einem gesicherten Radweg neben der *L 249* weiter in Richtung Blens. Nach ca. einem Kilometer zweigt scharf rechts die *Rurstraße* ab, die über Bahn und Rur zum *Blenser Platz* führt.

Der kleine Ort **Blens** mit seinen zahlreichen Fachwerkhäusern ist goldgekürter Sieger beim Landeswettbewerb »Unser Dorf soll schöner werden« – ein Glanzstück am Wegesrand der Tour 6.

Auf der gegenüberliegenden Seite des Platzes radelt man links auf der *St.-Georg-Straße* den Hang hinauf und kommt, an einer Kirche vorbeifahrend, zur Burg Blens.

 Als Besitzer der am Hang gelegenen **Burganlage Blens** (193 m) wird zu Beginn des 12. Jahrhunderts ein Johann von Blens genannt, der im Dienste des Kölner Erzbischofs stand. Erhalten sind Mauerreste und die Grundmauern eines Rundturms. Das Herrenhaus stammt aus dem Jahr 1791. Neben der heute landwirtschaftlich genutzten, geschlossenen Hofanlage befindet sich die zur einstigen Burg gehörige Kirche.

Von der Burg aus fährt man links auf der leicht ansteigenden *St.-Georg-Straße* über den Berg zum – ebenfalls mit ›Gold‹ ausgezeichneten – Dorf Hausen. Sie führt, am Campingplatz rechts vorbei, abermals über Rur und Bahngleise zurück zur *L 249*. An der Ampel gleich rechts liegt der Haltepunkt »Hausen«. Auf der anderen Straßenseite geht es in einer S-Kurve kurz ein Stück den Berg hinauf bis zum *Raiffeisenplatz* und zur Burg.

Radler unterhalb der Burg Nideggen

6

Auf einem Bergrücken wurde die ovale Ringburganlage Hengebach errichtet

Burg Hausen (214 m) war ehemals eine typische Wasserburg mit Vor- und Hauptburg. Von der spätgotischen Anlage, deren Gräben um 1900 zugeschüttet worden sind, sind der Eingangstrakt der Vorburg, das zweigeschossige Wohnhaus aus Bruchstein und die Mauern erhalten. Um 1820 wurde die Burg geteilt und im Hof ein neues Wohnhaus errichtet. Die ursprünglich zu jeder Wasserburganlage gehörende Wassermühle ist hier noch vorhanden. Im Herrenhaus ist heute ein Hotel untergebracht, das »Kaffeestübchen« in der Vorburg glänzt dagegen mit einer hervorragenden Kuchentafel.

Wer Zeit mitbringt und sich am Rursee Erholung gönnen möchte, der sollte diesen Abstecher in seine Planung mit aufnehmen: Von der Burg Hausen aus fährt man rechts die *Hausener Straße* zurück zur *L 249*, wo links ein paralleler Radweg nach Heimbach führt. Leider fehlt zwischen der Zufahrt zum Fischbachtal und dem folgenden Bahnübergang ein Stück Radweg (Vorsicht!). Erst 300 Meter hinter den Schranken kann rechts die Landstraße wieder verlassen werden. Vor dem Campingplatz führt links der Asphaltweg oberhalb der Rur nach Heimbach. Am **Pfannkuchenhaus** biegt man halb links in eine Einbahnstraße (für Radfahrer frei), überquert die Rur und kommt zum Bahnhof. Hier nehmen diejenigen Radwanderer die Tour auf, die mit der Rurtalbahn von Düren nach Heimbach gefahren sind. Rechts erstreckt sich der Ort Heimbach. Die *Hengebachstraße* führt zur nächsten Burg.

Neben den vielfältigen Freizeitaktivitäten, die das reizvolle Städtchen Heimbach (200 m) zu bieten hat, lohnt sich ein **Abstecher zur Abtei Mariawald**. Das einzige Trappistenkloster Deutschlands soll der Sage nach am ehemaligen Standort eines Muttergottesbildes errichtet worden sein: aus diesem war einst Blut geflossen, nachdem ein frommer Mann bei dem Versuch, seinen Bruder zu erschlagen, das Bild beschädigt hatte. Das Gnadenbild soll in der Zeit der französischen Besatzung von dem letzten verbliebenen Mönch, einem »Pater Peterchen« nach mehreren vergeblichen Versuchen schließlich doch noch gerettet worden sein. Es steht heute auf dem kostbaren Altar der Pfarrkirche von Heimbach, die seither zum Wallfahrtsort geworden ist. Unweit des Klosters Mariawald liegt ein Ehrenfriedhof, der an die Schlacht im Hürtgenwald erinnert.

Bereits im 11. Jahrhundert wird die auf einem Bergrücken entstandene ovale **Ringburganlage Hengebach** (206 m) erwähnt. Sie wurde im Laufe der Jahrhunderte mehrfach zerstört und immer wieder aufgebaut, bis sie 1687 endgültig aufgegeben wurde. Lebendig geblieben sind die vielen Gespenstergeschichten, die sich um die Gemäuer ranken. Inzwischen ist Hengebach wieder hergerichtet und beherbergt eine Fortbildungseinrichtung und eine Gaststätte. Über den Umgang mit Beton bei der romantisierenden Restaurierung kann man sicher geteilter Meinung sein. Der Burgturm ist frei zugänglich und ermöglicht einen schönen Überblick über den Ort und das Rurtal.

Um zurück zur Wasserburgen-Route zu kommen, fährt man von Heimbach nach Vlatten. Die *L 218* führt durch das rund vier Kilometer lange Herrestal. Auf sehr schmalen Randwegen, die den Radler auch schon mal zum Schieben seines Fahrrads zwingen, kommt man direkt hinauf nach Vlatten. Man bleibt

Lendersdorf
Berzbuir
Berzbuirer Knipp
Schöllershof
Kufferath
Langenbroich
Bergheim
Hemgenberg
Bilstein
Hochkopf
KD(Wall)
K 27
K 29
K 31
K 39
K 30
K 32
K 46
ND
UW
NSG
Pimnich
Haus Bonsbusch
Niederau
Kloster L 327
Burg
Kreuzau
Bad
Winden
Udingen
Schlagstein
Leversbach
Boich
Mausauel
ND(Felsen)
Gespaltener Stein
Mausauel
aubach
Burg
Anschluß siehe Karte 16
Anschluß siehe Karte 18
L 249
L 250
Holz
Dürener Stadtwald
ND Marieneiche
Pferdskopf
Vollsteiner Mühle
Standort-
Fuchskaul
Drove
übungs-
platz
Burg
KD(Motte)
ND
Bruchberg
Kriegerweg
Piontgraben
Krätzgraben
Engelsgraben
Stockheim
Jakobwüllesheim
zur Burg Bubenheim
L 327
Ellebach
An der Vogelm
B 56
K 33
K 28
ND (Biotop)
Gut Veitzheim
KD(Römischer Brunnen)
K 28
Veltweißer Busch
Soller
Frangenheim
KD(Motte)
ND
Froitzheimer Heide
Froitzheim
Thum
Klosterbüsc
L 33
Wbh
Br
Karte 17
250 m 500 m 750 m
Anschluß siehe Karte 18

auf der Verlängerung der *L 218* und radelt entlang des Bachs bis zur Burg Vlatten.

Wer nicht nach Heimbach fährt, verläßt Hausen auf der gegenüber dem Burgausgang befindlichen Straße *Am Müllenberg* und radelt bis zu einem Parkplatz. ***Zwei Möglichkeiten zur Weiterfahrt*** bieten sich an:

Entweder Sie biegen hier rechts ab und folgen einem zum Teil steil ansteigenden Asphaltweg über zahlreiche Serpentinen hinauf auf die Höhe. Nach drei Kilometern trifft man auf ein Steinkreuz, das unter Linden steht.

Oder aber Sie fahren auf einem Schotterweg am Parkplatz vorbei in den Wald. Auf diesem Weg können die 150 Höhenmeter bei einer gleichmäßigen und flacheren Steigung leichter bewältigt werden. Auf der Höhe angekommen hält man sich rechts und radelt auf der *K 48* leicht bergab, bis ebenfalls das Steinkreuz erreicht ist.

An diesem Kreuz befindet man sich in exakt 358 Metern Höhe am höchsten Punkt der gesamten Wasserburgen-Route! Gegenüber des Kreuzes geht die Route nun fast kontinuierlich bergab. Lediglich hinter der ersten Weggabelung, an der man rechts abbiegt, steigt der Weg auf einer Länge von 200 Metern noch einmal etwas an. Dann zweigt der asphaltierte Weg links ab in Richtung einer auf der Bergkuppe befindlichen Gehölzgruppe. Nach einem kurzen Wegstück hat man einen phantastischen Blick hinunter in die Kölner Bucht. Am Ende des Weges überquert man rechter Hand die *B 265* und fährt weiter nach Vlatten. Kurz hinter dem Ortseingang zweigt rechts der *Kollepötz* ab, an dessen Ende die Obere Burg Vlatten liegt.

Neben der **Oberen Burg Vlatten** (280 m) hat dieser kleine Ort zwei weitere Burgen aufzuweisen: Von der ehemals größeren **Niederburg** ist noch ein Teil des spätmittelalterlichen Wohnturms sichtbar. Die Burg Vlatten war eine bedeutende zweiteilige Wasserburg, auf deren vorderem Gelände heute ein Wirtschaftshof steht. Im Südwesten schloß sich die quadratische Hauptburg an, die ganz von Wassergräben umgeben war. Neben dem Herrenhaus mit wuchtigem Turm stehen noch Überreste der ehemaligen Burganlage. Die Obere Burg schließlich soll auf dem Standort einer ehemaligen karolingischen Königspfalz stehen. Erhalten sind die Reste der Umfassungsmauern mit Rundtürmen, die, von Efeu umrangt, hinter dem an der Straße gelegenen quadratischen Wohnturm mit angebautem Herrenhaus liegen.

Auf der *Merodestraße* verläßt man Vlatten, folgt nach etwa 300 Metern dem Rechtsknick der Straße (es geht an einem etwas versteckten Sportplatz vorbei) und biegt am Ende des Weges vor einer Scheune links ab. Kurz darauf erreicht man eine Weggabelung.

Die Wasserburgen-Route aber führt an der Weggabelung rechts auf dem asphaltierten Feldweg weiter in Richtung Eicks

und Kommern. Leicht bergauf fährt man zunächst genau auf
einen einsam stehenden Baum zu, dann geht es auf einer kurvi-
gen Strecke wieder bergab. Auf der weiteren Fahrt gelangt man
in den Kreis Euskirchen. Unten im Bachtal biegt man scharf
links ab, fährt über eine Brücke und anschließend ein kurzes
Stück auf der *K 10* bergauf bis zur Ortschaft Berg. Hier zweigt
die Route links ab. Man radelt durch den Ort und erreicht über
die *Gemünder Straße* die am Ortsausgang liegende Burg Berg.

Die um 1150 gebaute **Wasserburg Berg** (245 m) war
landtagsfähiger Rittersitz im Herzogtum Jülich. Ab
1530 war sie Zentrum der reformierten Lehre im
Raum Zülpich. Von der geschlossenen Burganlage stammen
der alte Wohntrakt mit dem älteren Turm aus dem 14. bis 16.
Jahrhundert. Bei geöffnetem Hoftor ist der landwirtschaftliche
Betrieb einsehbar. In unmittelbarer Nähe weisen eine Motte
und eine an drei Seiten von einem Wassergraben umgebene
Erhebung auf weitere frühere Burgen hin. Der Ort selbst liegt
an einer alten römischen Straßenkreuzung und wurde bereits
699 als Geschenk einer »Irmina«, einer Angehörigen des
Karolingerhauses, erwähnt.

Gleich hinter der Burg folgt man rechts der *K 10* bis nach Floisdorf (hier ist man schon 100 Meter tiefer als an jenem Wegkreuz zwischen Hausen und Vlatten). Auf der *Vogteistraße* fahren Sie durch den Ort und biegen an der zweiten Kreuzung
rechts in Richtung Eicks ab. Nach zwei Kilometern auf der *K 20*
geht es unten im Tal links auf der *Frankenstraße* den Berg hinauf und anschließend durch Eicks wieder hinunter. Kurz vor
dem Ortsende führt nach einer scharfen Rechtskurve links die
Burgstraße zur Burg.

Burg Eicks (230 m) ist eine wunderschöne Wasserburg mit vier Ecktürmen aus dem 13. Jahrhundert.
1690 wurde mit dem Bau eines neuen Schlosses
begonnen, das ursprünglich durch einen Wassergraben von
der restlichen Anlage getrennt war. Die große u-förmige Vorburg ist durch eine Toreinfahrt im ehemaligen Verwaltungs-
trakt zugänglich. Kaum ein Adelssitz im Rheinland ist so origi-
nal und authentisch erhalten wie Burg Eicks, die auch heute
noch die ländliche adlige Lebensform der Vergangenheit spür-
bar werden läßt. Fährt man rechts um die Burg herum, so hat
man von der *K 20* aus einen ausgezeichneten Überblick auf die
andere Seite der Wasserburg.

Alternative Weiterfahrt: Von Eicks aus haben Sie die
Möglichkeit, die Radtour in nördlicher Richtung über die
Orte Scherfen, Linzenich, Sinzenich und Gut Dürffenthal
nach Zülpich fortzusetzen, wo man Anschluß an die Tour 7
der Wasserburgen-Route hat. Von dort können Sie nach
Euskirchen oder bis zur Erft weiterfahren (s. Tour 2). Diese
rund 35 Kilometer lange Verbindung ist in beiden Richtungen gut befahrbar und soll ebenfalls ausgeschildert werden (s. a. Radwanderkarte des Kreises Euskirchen).

Um die Route 6 fortzusetzen, fährt man von der Burg Eicks
kommend links auf die *K 20* nach Kommern, überquert dort
die *B 266/477* und radelt an einer kleinen Kapelle vorbei in den
Ort. Der *Kirchberg*, eine Straße mit Kopfsteinpflaster, führt
unter einer kleinen Brücke hindurch.
Kurz hinter der Kirche liegt rechter Hand die Zufahrt zur Burg
Kommern.

Reise in die Vergangenheit: Kaum
ein Adelssitz im Rheinland ist so
authentisch erhalten wie die Burg
Eicks

6

Das Freilichtmuseum Kommern lädt mit zahlreichen Attraktionen und Sonderprogrammen zum ausgiebigen Verweilen ein

 Die bereits 1299 erwähnte **Burg Kommern** (257 m) war Sitz einer Herrlichkeit. Das repräsentative Herrenhaus stammt, wie die meisten der heutigen Bauwerke dieser fast geschlossenen Anlage, aus dem 19. Jahrhundert; lediglich der dahinter liegende spätgotische viergeschossige Wohnturm und der angrenzende Flügelbau sind älter. Die neben der Kirche liegende Burg ist von einem Park mit sehr alten Bäumen umgeben.

Kommern (245 m) ist ein nostalgischer Ort mit hübschen alten Häusern und Fachwerkbauten. Am Ende der *Burggasse*, wo heute der Becherhof liegt, befand sich bereits vor 1200 ein befestigter Hof der Abtei Prüm.

Um einen **Abstecher** zum Freilichtmuseum Kommern zu machen, fahren Sie den *Kirchberg* zurück bis zum Ortsausgang und biegen hier links auf den Radweg. An der Fußgängerampel überqueren Sie die B 266. Der *Museumsweg*, eine Einbahnstraße, führt durch einen lichten Wald zum Ziel.

 Das **Freilichtmuseum** Kommern (308 m) präsentiert seinen Besuchern einen Querschnitt rheinischer Baukunst früherer Jahrhunderte. Die Anlage liegt in einem wunderschönen Park, so daß man sich an diesem interessanten Ort mit zahlreichen Attraktionen und Sonderprogrammen mühelos einen ganzen Tag lang aufhalten kann. Der Besuch ist unbedingt empfehlenswert!

Burg Kommern verläßt man rechts auf dem *Kirchberg und* fährt nun links auf der *Kölner Straße* durch den Ort hindurch. Am Ortsende gelangt man zu einer vor dem Einkaufszentrum gelegenen Verkehrsinsel. Der Abzweig links führt zur Burg Gehn: Man überquert die Bundesstraße und fährt auf einem Radweg bis in den Ort, am Ortsende liegen linker Hand die Überreste der Burg.

 Die **Burg Gehn** (242 m) ist eine vom Herzog von Arenberg 1740 geplante, aber unvollendet gebliebene Jagdschloß-Anlage an der Durchgangsstraße. Im Ort selbst existierte neben dem Pfarrhaus bereits seit 1558 ein Burghaus der Vögte des Kölner Andreasstifts. Von diesem sind allerdings nur einige dicke Mauern übriggeblieben (zu sehen in der Scheune). Im Keller soll einst ein Gefängnis gewesen sein.

In Kommern folgt man an der Verkehrsinsel der *Kölner Straße* in Richtung Euskirchen und gelangt auf dem Radweg R 4/R 5 nach Schaven. Im Ort führt rechts die Straße *Sandberg* über den Bleibach. Gleich dahinter zweigt links die *Agathastraße* ab. Fachwerkhäuser säumen den Weg. An der markanten Trauerweide biegt man scharf links ab, radelt zunächst am Waldrand entlang und dann auf die Felder hinaus. Knapp zwei Kilometer hinter Schaven sind die ersten Häuser von Firmenich erreicht. In der Ortsmitte, an der rechts ein Straßenschild nach Satzvey weist, zweigt links die *Viernicher Straße* ab – es geht direkt zur Burg.

 Der Ort geht auf eine Siedlung römisch-keltischen Ursprungs zurück, die gleichnamige **Wasserburg Firmenich** (210 m) dürfte aber erst im späten Mittelalter entstanden sein. Die geschlossene Burganlage mit großem Innenhof war bis vor wenigen Jahren von einem Wasser-

Laach
Brück
Bf Nideggen
NIDEGGEN
Thuir
K 47
Großenberg
K 82
ND
Manteuffel-kreuz
Muldenau
Hürth
Wbh
Burg-ruine
L 11
L 11
L 249
Anschluß siehe Karte 19
Hetzinger Hof
Forsthaus Hetzingen
Heck
Haus-schoeller
ND (Felsen)
Kuhlenbusch
Mondjesberg
ND
Breidel
303
313
KD (Hügel-gräber)
Berg
288
PW
Wattlingsgraben
228
199
Embken
WW
L 211
Roßberg
Mittelberg
Ismutstal
KD (Burg)
Staatsforst
Nesselberg
Rurtalbahn
Abenden
Roßtals-berg
Rödelsheimer Mühle
Burg Wollersheim
Krahnberg
Gödersheim
242
278
B 265
Anschluß siehe Karte 19
Odenbleuel
Lüppenau
Blens
KD (Burg)
NSG Breidelsley
NSG
Rödelsberg
KD (Pinge)
Forsthaus Bade
Molde
Neffelbach
Wbh
Vlattener Berg
246
L 11
263
274
315
nach Zülpich
Hürtgenwald
Mühlenberg
Burg
Hausen
Fichelsberg
357
K 48
Wobersgraben
Vlatten
Burg
Mühlenberg
Lützenberg
Karte 18
Herrnberg
300
Gut Habersauel
Rensberg
Hausener Busch
Sonnenberg
358
351
L 218
346
Hasenfeld
Lüscheid
Bad
L 115
L 218
EW
PW
Schwammenauel
Eichelberg
Weide
Herrestal
Am Gericht
358
Auf der Warth
Kalkberg
Heimbachtal
Walbig
B 265
Grafenloch
HEIMBACH
Steinbach
Bildchesberg
Mausley
372
250 m 500 m 750 m

graben umgeben. Von überregionaler Bedeutung ist das seit dem 16. Jahrhundert mehr oder weniger unveränderte Wohnhaus mit einer angebauten Eichenholzgalerie. Diese ermöglicht von außen den Zugang zu den oberen Räumen des recht schmalen Hauses.

Auf der *Viernicher Straße* fährt man zurück bis zur Ortsmitte und folgt der *L 11* geradeaus nach Satzvey. Die rund zwei Kilometer lange Landstraße hat keinen Radweg. Vor dem Ortseingang zweigt links ein Weg ab, der durch den Ort führt. Am Ende fährt man rechts, überquert die *Firmenicher Straße* und folgt der Straße *An der Burg*.

 **Burg Satzvey** (220 m) ist eine großartig restaurierte Wasserburg, die in ihren Ursprüngen ins 14. Jahrhundert zurückreicht. Im Ort selbst gab es seit dem 12. Jahrhundert umfangreiche Besitztümer des Bonner Benediktinerinnenstiftes Dietkirchen. Zur Wahrnehmung der weltlichen Interessen wurde daher vor Ort ein sogenannter Vogt eingesetzt. Als Obervogt des Stiftes vergab wiederum der Kölner Erzbischof die Satzveyer Vogtei als Lehen. Doch die Vögte machten sich innerhalb der geliehenen Vogtei mehr und mehr selbständig und erreichten schließlich im Verlauf einiger Jahrhunderte eine eigene erbliche Herrschaft ihrer Burg.

Wer auch die nahe gelegene Burg Veynau besuchen möchte, fährt von der Burg Satzvey aus links die *Gartzemer Straße* entlang. Kurz hinter dem Ortsschild zweigt rechts die *K 38* ab. Von der Kreisstraße geht es in Höhe einer Bushaltestelle rechts ab zur frisch restaurierten Burg.

 **Burg Veynau** (205 m) war eine der eindrucksvollsten und zugleich bedeutendsten Burganlagen im Rheinland. Glücklicherweise wird die Burg renoviert und vielleicht auch einmal der Öffentlichkeit zugänglich sein. Sie stammt aus dem 14. Jahrhundert und war Teil des Jülicher Burgengürtels, mit dem Euskirchen eingekesselt war. In der geschlossenen Vorburg befindet sich ein landwirtschaftlicher Betrieb.

Von Burg Veynau aus kann man auf dem parallel zur *B 266* verlaufenden Radweg auf direktem Wege nach Euskirchen fahren und die sechste Etappe der Wasserburgen-Route vorzeitig beenden.

Weiter auf der Wasserburgen-Route: Die Burg Satzvey hinter sich lassend biegt man rechts in die *Gartzemer Straße* und überquert die Bahngleise. Linker Hand liegt die Bahnstation. An der Straßenkreuzung geht es links neben der Landstraße weiter. Nach einer Rechtskurve führt die *L 11* unter der Autobahn hindurch. Fährt man hier geradeaus weiter, kann man schon nach einigen hundert Metern zur weithin sichtbaren Burg Zievel links abbiegen.

Kurz vor der Burg Zievel verläuft im Hang eine *geologische Bruchkante*, eine Art Mini-Andreas-Graben, die für Erdbeben im Raum Euskirchen mitverantwortlich ist. Bis zur Renovierung konnte man noch Auswirkungen des letzten Erdbebens im Burgturm sehen: Auf der Rückseite verursachte es einen großen Riß, der beinahe den Turm zum Einsturz gebracht hätte. Die beste Sicht auf die Burg besteht vom Waldweg aus, der kurz vor der Zufahrt rechts abzweigt.

Radwandern ist ein ebenso gesundes wie naturnahes Vergnügen

 Die **Burg Zievel** (236 m) ist eine sehr alte Wasserburg, deren Ursprünge Anfang des 12. Jahrhunderts zu finden sind. Sie war Sitz einer Jülicher Unterherrschaft. Von der einstigen wehrhaften Anlage (um 1400) sind neben dem runden, weithin sichtbaren weißen Burgturm noch andere Gebäudeteile erhalten geblieben, die durch neuere Bauwerke ergänzt wurden. Burg Zievel ist heute Sitz eines Golfclubs.

Zurück an der Autobahnbrücke folgt man links (von Satzvey kommend rechts) dem Radweg, der neben der *L 499* nach Lessenich führt. Um nicht auf der Straße durch den Ort zu radeln, führt gleich hinter dem Ortsschild der *Pastorenweg* rechts hoch zur Kirche. Hier biegt man zunächst links ab, an der dann folgenden Kreuzung noch einmal links und fährt anschließend sofort wieder rechts auf die *K 44*, die nach Wachendorf führt. Gleich am Ortseingang zweigt links eine Straße ab, die nach 20 Metern, in einer Rechtskurve, weiter geradeaus in einen Schotterweg übergeht. Am Ende der Hecke geht es rechts auf einer gut einen Kilometer langen Kastanienallee zum Schloß Wachendorf.

 Die einstige zweiteilige **Wasserburg Wachendorf** (252 m), deren Ursprünge in das 12. Jahrhundert zurückreichen, wurde von rundtürmigen Bastionen zusätzlich gesichert. Schloß Wachendorf besteht heute aus dem ungewöhnlich großen, dreigeschossigen Herrenhaus mit hohem Mansardendach und sechsgeschossigem Mittelturm aus dem Jahre 1883, umgeben von zahlreichen Bauwerken aus verschiedenen Jahrhunderten. Im Schloß befindet sich das Institut für Buddhistische Studien.

Von hier aus bietet sich zuvor ein **Abstecher** zu den Burgen in Antweiler an. Wer hierzu Lust hat, radelt geradeaus an dem Abzweig zur Kastanienallee vorbei. Am Ortseingang von Antweiler biegt man rechts in die *Pappelstraße* ein und kommt an eine Landstraße, von der aus man auf der linken Seite bereits den Turm der Oberen Burg sieht.

 Von der **Oberen Burg** in **Antweiler** (244 m) sind nur noch der Torbogen und der runde Eckturm der Vorburg aus dem 16. Jahrhundert erhalten. Der Rest wurde für den Neubau einer Bank abgerissen. Die steinernen Wappenkamine, die beim übereilten Abbruch des einst separat gelegenen, durch einen Wassergraben abgetrennten Herrenhaus ausgebaut wurden, befinden sich heute im Heimatmuseum in Zülpich.

Man überquert die Landstraße, fährt auf der *Fabrikstraße* weiter und biegt links in die *Baptiststraße* ein: Die sehenswerte Untere Burg ist erreicht.

 Im Gegensatz zur Oberburg läßt sich an der **Unteren Antweiler Burg** (240 m) auch heute noch die einst zweiteilige Wasserburganlage aus dem 14. Jahrhundert ausmachen. Vom heutigen Herrenhaus mit rundem Eckturm gehen bis zu sechs Meter hohe ringförmige Bruchsteinmauern aus, die die gesamte Hauptburg umgeben. Das Wohnhaus der Vorburg mit Tordurchfahrt stammt von 1728.

Man verläßt die Burgzufahrt und fährt links neben der *Iversheimer Straße*, der *K 44*, aus Wachendorf hinaus.

6

Die Stiftskirche der mittelalterlich anmutenden Burgstadt Bad Münstereifel

6

Abkürzung bei schönem Wetter: Nur dann emphielt es sich, den links neben der *K 44* beginnenden asphaltierten Feldweg in Richtung Iversheim als sichere Abkürzung zu nutzen. Er ist zwischendurch für ein kurzes Stück zwar in sehr schlechtem Zustand, führt dafür aber für eine ganze Weile mit wunderschöner Fernsicht immer geradeaus hinunter nach Iversheim. Offiziell verläuft die **Wasserburgen-Route** dagegen auf der *K 40* in Richtung Iversheim (Vorsicht, kein separater Radweg!). Am Ende der langgezogenen Linkskurve, wenn es den Berg wieder hinuntergeht, kann die Kreisstraße nach links auf einem asphaltierten Feldweg wieder verlassen werden. An der folgenden Wegkreuzung (hier mündet links die Abkürzung) biegt man rechts ab und fährt bergab. Kurz bevor die an der *B 51* liegenden Bahngleise erreicht werden, zweigt links der *Kalkarer Weg* zur Kalkbrennerei ab.

Die **Römische Kalkbrennerei** in Iversheim (240 m): Aufgrund der besonderen geologischen Verhältnisse bauten hier schon die Römer Kalkstein ab und brannten daraus Gips. Einige der Öfen hat man so hergerichtet, daß ihre Funktionsweise nachvollzogen werden kann. Der hier gebrannte Kalk wurde wohl auch für die rund 100 Kilometer lange Wasserleitung von Nettersheim nach Köln benutzt. Durch die Absenkung des Grundwassers wurde aus der zu Römerzeiten noch schiffbaren Erft ein minder bedeutender Bach.

Bahngleise sowie die Bundesstraße *B 51* werden überquert und es geht geradeaus in den Ort Iversheim. An der ersten Kreuzung auf der *Euskirchener Straße* bestehen nach gut 150 Metern **mehrere Möglichkeiten:** Ein empfehlenswerter Abstecher durch Iversheim nach Bad Münstereifel, ein lohnenswerter Ausflug zur Steinbachtalsperre mit Schwimmbad und Biergarten oder die Weiterfahrt auf der Wasserburgen-Route zu den Burgen in Arloff und Kirspenich und zur Hardtburg.

Auch **Iversheim** verfügte noch im 9. Jahrhundert, zu Zeiten der Prümer Oberhoheit, über eine eigene Wasserburg – der Prümer Hof ist heute bloße Geschichte. Die Besichtigung von Iversheim lohnt sich dennoch, allein des alten Ortskerns und der zahlreichen Fachwerkhäuser wegen.

Es lohnt sich, einen Abstecher von Iversheim nach Bad Münstereifel zu unternehmen: Die Stadt mit mittelalterlichem Flair hat viel zu bieten. Sie fahren auf der alten Landstraße und dann auf dem Radweg neben der *B 51* in den Kurort mit Kneipp-Heilbad.

In der zweiten Hälfte des 13. Jahrhunderts wurde die **Burgstadt Bad Münstereifel** (280 m) vom Grafen von Blankenheim angelegt. Sie wurde erst 1689 von französischen Truppen zerstört. Von der einst vieltürmigen Landesburg der Herzöge von Jülich sind nur noch wenige, dafür aber stattliche Reste erhalten. Geschichtlich wesentlich bedeutsamer, aber im Wald auf dem sogenannten »Quecken« kaum noch auszumachen, ist die **Alte Burg** aus der Karolingerzeit. Hier läßt sich die gesamte Entwicklung vom einstigen Königsland über ein Klosterstift bis hin zur Schaffung weltlicher Machtansprüche geschichtlich nachvollziehen. Die mittelalterlich anmutende, sehr auf Tourismus bedachte Stadt mit ihrer im 13. Jahrhundert begonnenen Burgmauer und zahlreichen Tortürmen ist ein beliebtes Ausflugsziel. Fans der Volksmusik können im **Heino-Café** einkehren.

Der Abstecher zur Steinbachtalsperre ist nicht nur an heißen Tagen zu empfehlen: Sie bleiben in Iversheim auf der *Euskirchener Straße* bis, nicht gleich zu erkennen, links hinter dem »Eifeler Hof« die Straße *Am Bloch* abzweigt. An deren Ende geht es rechts an einer Steinmauer vorbei über die Erft, dann gleich wieder links und an der folgenden Straßengabelung rechts für 400 Meter den *Buschhöhlenweg* hinauf (ca. 30 Höhenmeter). Oben angekommen radeln Sie an der Wegkreuzung weiter geradeaus, um nach gut 200 Metern links abzubiegen. Hier fährt man, ohne es sehen zu können, über ein Korallenriff. Was man aber sieht, ist ein sehr schönes, unverbautes Tal, an dessen Rand der Weg fast ausschließlich geradeaus weiter führt. Nach gut einem Kilometer biegt man am Ende zunächst links, anschließend auf der Straße nach rechts ab. 400 Meter weiter ist die Zufahrt zur Talsperre erreicht.

Das Gebiet um die **Steinbachtalsperre** (280 m) gilt als Naherholungsgebiet. Das hier angestaute Wasser versorgte die um Euskirchen angesiedelten Gewerbebetriebe, vor allem Gerbereien und Papierfabriken. Neben dem Freibad liegt ein reizvolles Gasthaus mit großem Biergarten und selbstgebrautem Bier – hellem und dunklem!

Auf der Rückfahrt von der Talsperre fährt man am Parkplatz links und dann gleich rechts auf der *K 47* geradeaus hinunter nach Arloff. Gegenüber den ersten Häusern geht es an der Straßengabelung rechts zur Burg Kispenich.

Weiter auf der Wasserburgen-Route: In Iversheim biegt man an der ersten Kreuzung der *Euskirchener Straße* links auf den *Arloffer Weg* ab, der zwischen der Bundesstraße und der Erft entlang führt. Am Ortseingang von Arloff zweigt rechts die *Münstereifeler Straße* ab, an der, vor einer Linkskurve, rechts die Zufahrt zum weißen viereckigen Turm der Burg liegt.

Burg Arloff (227 m) gilt als eine der ältesten Burgen im Rheinland. An der Stelle einer älteren, mit Wassergräben gesicherten Anlage aus dem 13. Jahrhundert wurde rund 200 Jahre später der heute noch mächtige, viergeschossige Wohnturm errichtet. Der landwirtschaftliche Betrieb ist von außen zu besichtigen.

Überquert man die Holzbrücke über die Erft, liegt nach wenigen Metern rechts ein restaurierter Bauernhof aus dem Jahr 1466 mit der leider meistens verschlossenen St.-Hubertus-Kapelle, in der Fresken aus dem 15. Jahrhundert wiederentdeckt worden sind.

Die *Münstereifeler Straße* endet an der ersten Straßenbrücke. Gegenüber geht es neben der Erft links auf der *Bachstraße* weiter. Nach knapp einem Kilometer führt an einem kleinen Fachwerkhaus mit Bruchsteinmauer rechts die Straße *Im Baist* zur Burg Kirspenich.

Kern der **Wasserburgenanlage Kirspenich** (220 m) ist der im 13./14. Jahrhundert erbaute quadratische, auf einer Insel stehende massive Wohnturm; die anderen Gebäude und die Ringmauer sind jüngeren Ursprungs. Die Burg wird derzeit renoviert. Hoffentlich bleibt der besonders romantische Charakter der Burg erhalten!

Die *Bachstraße* führt unterhalb der Kirche vorbei zur *Bonner Straße* und anschließend neben einem kleinen Fachwerkhaus in eine Sackgasse. An deren Ende überquert man zwischen den Leitplanken die *L 11*. Vorsicht, die Stelle ist etwas unübersichtlich! Auf der anderen Straßenseite fährt man leicht rechts versetzt in die *Hardtburgstraße*. Nach etwa 400 Metern Strecke durch ein Wohngebiet geht es leicht ansteigend hinaus auf die Felder. Kurz darauf ist der Wald erreicht und der Weg verläuft gut einen Kilometer sacht bergab. Am Wegkreuz zu Ehren des St. Hubertus (es steht etwas zurückversetzt linker Hand im Wald) biegt man rechts auf den Radweg *R 15* ab. Anschließend fährt man an der Weggabelung auf den linken Weg, der am Forsthaus unterhalb der Hardtburg herauskommt – der letzten Burgenstation der sechsten Etappe der Wasserburgen-Route.

 Die **Hardtburg** (255 m) ist eine sehenswerte begehbare Burgruine. Sie entstand vermutlich im 12. Jahrhundert als Motte. Eine solche »Turmhügelburg« ist besonders typisch für das 10. bis 12. Jahrhundert: Auf einem – häufig in sumpfigem Gelände – künstlich aufgeschütteten Burghügel wurde ein hölzerner Wohnturm sowie eine umfangreiche Vorburg mit Wirtschaftsgebäuden errichtet. Die Hardtburg ist also keine Höhenburg.

Von der Burg aus zweigt an der Wegkreuzung der linke Weg nach Stotzheim ab. Im Ort fährt man zunächst links auf die *Hardtburger Straße*, anschließend auf der Straße *An der Liersmühle* weiter neben der Bahn her. Hinter der Papierfabrik zweigt die *Wolfgarten Straße* zweimal rechts ab. Man überquert den Mühlengraben und die Erft und radelt rechts auf den *Kieselweg*. An der Kläranlage biegt man links, an der nächsten Wegkreuzung rechts ab. Der Radweg *R 15/F 1* endet nach zwei Kilometern in der *Alfred-Nobel-Straße*. Vor der Bahnunterführung geht links die Straße *Am Ringofen* ab, die zur Rückseite des Euskirchener Bahnhofs führt.

Service

Information

Zentral-Info: *Eifel-Touristik NRW e.V., Tel: 022 53/60 75 ·* **Düren: Stadtverwaltung,** *Kaiserplatz 2-4, Tel: 024 21/25–22 35 ·* **Kreuzau: Gemeindeverwaltung,** *Bahnhofstr. 7, Tel: 024 22/507–235 · Heimat-, Kultur- u. Verkehrsverein Obermaubach-Schlagstein, Tel: 024 22/70 45 ·* **Nideggen: Stadtverwaltung,** *Zülpicher Str.1, Tel: 024 27/809–0 ·* **Heimbach: Verkehrsamt,** *Seerandweg, Tel: 02446/808–18 · Touristeninfo, Über Rur, Tel: 024 46/808–18 ·* **Mechernich: Stadtverwaltung,** *Bergstr.13, Tel: 024 43/491 67 ·* **Bad Münstereifel: Kurverwaltung,** *Langenhecke 2, Tel: 022 53/505–182 ·* **Euskirchen:** *s. Service Tour 2*

Bahn

Zentralauskunft: *Tel: 02 41/194 19, 02 21/194 19 ·* **Düren:** *Hbf · Dürener Kreisbahn, Tel: 024 21/39 01 40, Nostalgischer Dampfzug - Rurtalexpress, Moltkestr.16, Tel. 024 21/22 22 73 ·* **Kreuzau/Nideggen/Heimbach:** *Dürener Kreisbahn, Tel: 024 21/39 01 40 ·* **Mechernich:** *Satzvey, Bahnhofsweg ·* **Bad Münstereifel:** *Kölner Straße, (weitere Haltestellen in Arloff und Iversheim),* **Bus:** *Heimbach: Busverkehr Rheinland, Kunden Center, Simmerath, Tel. 024 73/66 46*

Rad & Hilfe

Düren: *Hergarten, , Valenciennerstr. 203 · Tel: 024 21/614 70 · Jäger & Grothe, Kölnstr. 41, Tel: 024 21/141 92 ·* **Kreuzau:** *Radshop Ruland, Kelterstr. 44a, K.-Winden, Tel: 024 22/39 65 ·* **Heimbach:** *Radsport Bike Innovation, Im Heimbachtal 25, Tel: 024 46/33 27 · Natursport Eifel/Club Actif, Hb.-Hasenfeld, Schwammenaueler Str. 76, Tel: 024 46/13 52 ·* **Mechernich:** *Schmitz-Sport, Turmhofstr. 37–41, Tel: 022 43/86 79 · G. Schulz, Kommern, Gielsgasse 22, Tel: 024 43/52 44*

(Rad-)Taxi

Düren: *Tel: 024 21/411 15 · 833 22 · 580 55 · 523 73 · 330 03 · 422 10 ·* **Kreuzau:** *Tel: 024 21/39 01 40 · 024 22/61 81 ·* **Nideggen:** *Tel: 024 22/61 81 · 024 27/90 10 90 ·* **Heimbach:** *Tel: 024 46/430 ·* **Bad Münstereifel:** *Tel: 022 53/76 66*

Burg/Schloß

21 Anlagen *max. 3 km von der Hauptroute entfernt ·* **mind. 36 Anlagen** *max. 10 km von der Hauptroute entfernt*

Sehenswürdigkeiten/Kultur

Düren: *Leopold-Hoesch-Museum, Hoeschplatz 1, Tel: 024 21/25 25 61 · Papiermuseum, Wallstr. 3–8, Tel: 024 21/121 25 59 ·* **Nideggen:** *Burgenmuseum, Tel: 02427/63 40 ·* **Heimbach:** *Glasbläserei Heimbach, Hengebachstr.45, Tel: 02 456/34 87 · RWE-Industriemuseum & Wasserkraftwerk, Tel: 026 32/70 42 56 · Abtei Mariawald, einziges deutsches Trappistenkloster mit Ehrenfriedhof, Tel: 024 46/533 ·* **Mechernich:** *Rheinisches Freilichtmuseum Kommern, Auf dem Kahlenbusch, Besicht. n. Vereinb., Tel: 024 43/50 51 · Bergbaumuseum / Besucherbergwerk »Grube Günnersdorf«, Bleibergstr. 6, Tel: 024 43/486 97 ·* **Bad Münstereifel:** *Röm. Kalkbrennerei, Iversheim, geöffnet Sa/So 11–17 Uhr, Tel: 022 53/80 27 · Röm. Glashütte, Printenhaus, Zinngießerei, Radioteleskop Effelsberg, Tel: 022 57/301 17 · Hürten-Heimatmuseum, Langenhecke 6, Tel: 022 53/80 27 · Handweberdorf Rupperath mit Museum, Tel: 022 53/71 11 · Apotheken-Museum, Tel: 022 53/76 31 · St.Laurentius Kirche, Ortsmitte Iversheim*

Touren-Tips

»Radwandern im Kreis Düren« *und* **»Rurufer-Radweg«,** *hrsg. von der ARGE Tourismus Dürener Rur-Eifel, Postfach 100445, 52304 Düren, Tel. 024 21/22 28 65 ·* **Mechernich:** *Die Röm. Wasserleitung (Ein Wanderweg von Nettersheim/Eifel über Mechernich nach Köln), Tel: 024 86/12 46 · Der Radwanderführer des Kreises Euskirchen: 12 Monate - 12 Touren, Tel: 022 51/15 231* **Kreuzau:** *Bootsverleih und Wassersportmöglichkeiten auf dem Stausee, Tel: 024 22/63 00 · Ponyhof, Gut Mausauel, Tel: 024 27/65 05 · Campingplatz E. Schweden, K.-Schlagstein, Hauptweg 44, Tel: 024 22/47 84 ·* **Nideggen:** *Camping W. Schiffmann, Hetzinger Hof, Tel. 024 27/61 05 ·* **Heimbach:** *Burg Hengebach, Restaurant, Café, Tel: 024 46/12 90 · Burg Hausen mit integriertem Hotel, Tel: 024 46/10 09 und Vorburg mit dem »Kaffeestübchen«, Tel: 024 46/35 07 · Rursee-Schiffahrt Schwammenauel, Tel: 024 46/479 · Dampfzugfahrten, Rurtal-Express, Düren, Moltkestr. 16, Tel: 024 21/22 22 73 · Regio-Sprinter, Dürener Kreisbahn, Tel: 024 21/39 01 40 · Kanufahrt auf der Rur bis Obermaubach möglich, Tel: 024 46/808–18 · Geologischer Lehrpfad, Minigolf, Reitmöglichkeiten · Camping Burg Hausen, Tel: 024 46-3390 · Camping Burg Blens, Tel: 024 46/33 77 · Camping Gut Habersauel, Tel: 024 46/437 ·* **Mechernich:** *Hochwildschutzpark, Kommern-Süd, Tel: 024 43/65 32 · Diverse Aufschlüsse der Röm. Wasserleitung, z.B. Röm. Aquädukt bei M.-Vussem · Sommerrodelbahn Kommern, Erholungspark Mühlenthal, Tel: 024 43/98 13 80 ·* **Bad Münstereifel:** *Historischer Ortskern, Tel: 022 53/505–182 · Jugendherberge, M-Rodert, Tel: 022 53/74 38* **Schwimmbäder:** *Düren: Am Badesee, Tel: 02 41/639 11 · Kreuzau: Tropic Freizeitbad, Windener Weg, Tel: 024 22/94 26 22 · Heimbach: 024 46/31 96 · Mechernich: Garten-Hallenbad, Johannesweg, Tel: 024 43/24 65 · Bad Münstereifel: Freizeit-Hallenbad »Eifelbad«, Dr. Greve-Str., 022 53/505-145*

Die gotische Kastellanlage der Burg Zülpich

Tour 7: Fürstliche Landsitze weltlicher und geistlicher Herren

Wegverlauf: *Stadt Düren – Gemeinde Kreuzau – Stadt Zülpich – Stadt Euskirchen* · **Länge:** *ca. 35 km* ·
Highlights: *Zülpich mit Burg, Stadtmauer, Römerbad · Fernsicht über Zülpicher Börde*

Auf den rund 35 Kilometern zwischen Düren und Euskirchen gibt es nur zwei kurze, ca. 400 Meter lange Steigungen. Die Strecke auf bequem zu fahrenden, größtenteils abseits von Autostraßen verlaufenden Wegen führt entlang der Zülpicher Börde, einer intensiv landwirtschaftlich genutzten Ebene. Zahlreiche moderne Anpflanzungen sollen neue landschaftliche Abwechslung in die Eintönigkeit bringen. Mangels spärlicher Einkaufsmöglichkeiten empfiehlt sich die Mitnahme von Proviant und, besonders an heißen Tagen, von Getränken. Neben der Weiterfahrt nach Euskirchen auf der Wasserburgen-Route, bietet diese Etappe von Zülpich aus ausgeschilderte Querverbindungen zur Erft (Tour 2) und in die Eifel (Tour 6).

Der **Streckenverlauf der siebten Etappe** ist zwischen dem Ausgangspunkt am Bahnhof von Düren und Schloß Burgau identisch mit dem der Tour 6. Nachdem Schloß Burgau verlassen wurde, (rechts herum führt ein Schotterweg im Halbkreis durch den Park), fährt man auf der Straße *Am Tierheim* bis zur *L 327*. Hier trennen sich die Wege der beiden Routen. Während Tour 6 geradeaus über Kreuzau und Heimbach nach Euskirchen führt, geht Tour 7 auf der anderen Straßenseite links weiter (Vorsicht!). Der parallel zur Straße verlaufen-de Radweg führt 30 Höhenmeter den Berg hinauf nach Stockheim.

Man überquert die Landstraße und radelt auf der anderen Straßenseite links auf den Radweg, der parallel zur Landstraße den Berg hinaufführt. Nach gut einem Kilometer macht die Landstraße einen scharfen Linksknick. An dieser Stelle, kurz vor Ende des Waldes, fährt man geradeaus auf einer Straße weiter, die zum Ortseingang von Stockheim führt. Am Ende des Radwegs biegt man rechts in die *Panzerstraße* und folgt an der nächsten Kreuzung der mehr oder weniger geradeaus durch den Ort führenden *Kreuzauer Straße*. Anschließend legt man ein kurzes Stück rechts auf der *Andreasstraße* zurück, bis man zur Ampelanlage an der *B 56* kommt. Diejenigen, die einen **Abstecher** zur Burg Bubenheim machen möchten, biegen an der Ampel links auf den Radweg neben der *B 56* ab, fahren an der Kläranlage vorbei und wechseln nach rund 600 Metern die Straßenseite. Der asphaltierte Feldweg führt direkt zur Burg.

Die frisch renovierte **Wasserburg Bubenheim** (140 m) stammt überwiegend aus dem 15. und 16. Jahrhundert. Eine Ritterfamilie Bubenheim wird allerdings bereits 1237 erwähnt. Das zweigeschossige Herrenhaus mit zwei quadratischen, im Winkel stehenden Türmen

Die zahlreichen Wasserburgen an dieser Strecke belegen, daß die Ebene bereits in früheren Zeiten ein begehrtes Territorium war. Bei guter Sicht geht der ungehinderte Fernblick kilometerweit bis Köln, ja sogar bis zum Siebengebirge bei Bonn. Trotz, oder gerade wegen ihrer Gleichförmigkeit besitzt diese Radtour ihren besonderen Reiz, vermittelt sie doch ein typisches Bild der Landschaft zwischen Eifel und Rhein.

7

mit spitzen Helmen ist vollständig von einem Wassergraben umgeben. Die Burg selbst wurde in den quadratischen Gutshof integriert.

Die Wasserburgen-Route wird, nachdem man die *B 56* an der Ampel überquert hat, in Richtung Jakobwüllesheim fortgesetzt. Kurz hinter dem Schild, das das Ortsende von Stockheim anzeigt, zweigt rechts ein asphaltierter Feldweg ab. Hier verläuft teilweise auch wieder die **Kaiser-Route**. Immer geradeaus überquert man nach zweieinhalb Kilometern kurz vor der Ortschaft Soller die *K 28* und erreicht nach weiteren eineinhalb Kilometern den Ortsrand von Frangenheim. Hier fährt man auf dem Weg *Am Feldchen* an einem sehr schön renovierten Bauernhof vorbei. Nach ein paar Häusern geht die Fahrt zwischen den Feldern weiter geradeaus nach Froitzheim. Bei entsprechendem Wetter hat man, besonders von der Brücke über die *B 56* aus, eine gute Fernsicht.

Geradeaus geht es weiter bis nach Froitzheim. Leicht versetzt fährt man rechts an dem weißen Bungalow vorbei und biegt nach 150 Metern an der *Martinusstraße* erst links und dann gleich wieder rechts ab. An der nächsten Wegkreuzung führt der Weg links über den Schotterweg. Kurz vor der *B 56* geht es auf dem wieder asphaltierten Weg bei schönem Weitblick gleich rechts weiter. Es folgt eine Strecke, die leicht bergab geht. Genießen Sie die Aussicht auf die flachen Felder! Kurz vor dem Waldstück wird an der Wegkreuzung links abgebogen. Hier verläuft auch ein Teilstück des **Chlodwig-Wanderweges**. Nach knapp eineinhalb Kilometern trifft man auf eine schmale Straße und biegt rechts ab. Unmittelbar hinter dem Ortseingang liegt die Burg Juntersdorf.

Die gotische, ehemals zweiteilige **Wasserburg Juntersdorf** (176 m) aus dem 14./15. Jahrhundert liegt ungewöhnlicherweise nicht in der Talaue des Neffelsbachs, sondern am Hang. Nach Bränden im 19. Jahrhundert wurde die Vorburg wiederaufgebaut und mit dem Herrenhaus, von dem einige Teile noch aus dem 17. Jahrhundert stammen, zu einer fast geschlossenen Hofanlage verbunden. Am mächtigen Torbau befindet sich ein Wappenstein der Grafen Berghe von Trips. Besucher sollten hier halt machen, denn: »Unsere Hunde machen keine Gefangenen«. Also: alles privat.

Auf der *Astreastraße*, die durch Juntersdorf führt, erreicht man nach 200 Metern das stattliche Gebäude des Gilleshofs.

 Der **Gilleshof** (176 m) ist eine große Hofanlage mit freistehendem repräsentativem Herrenhaus aus dem 17. Jahrhundert, die zur Straße hin durch eine hohe

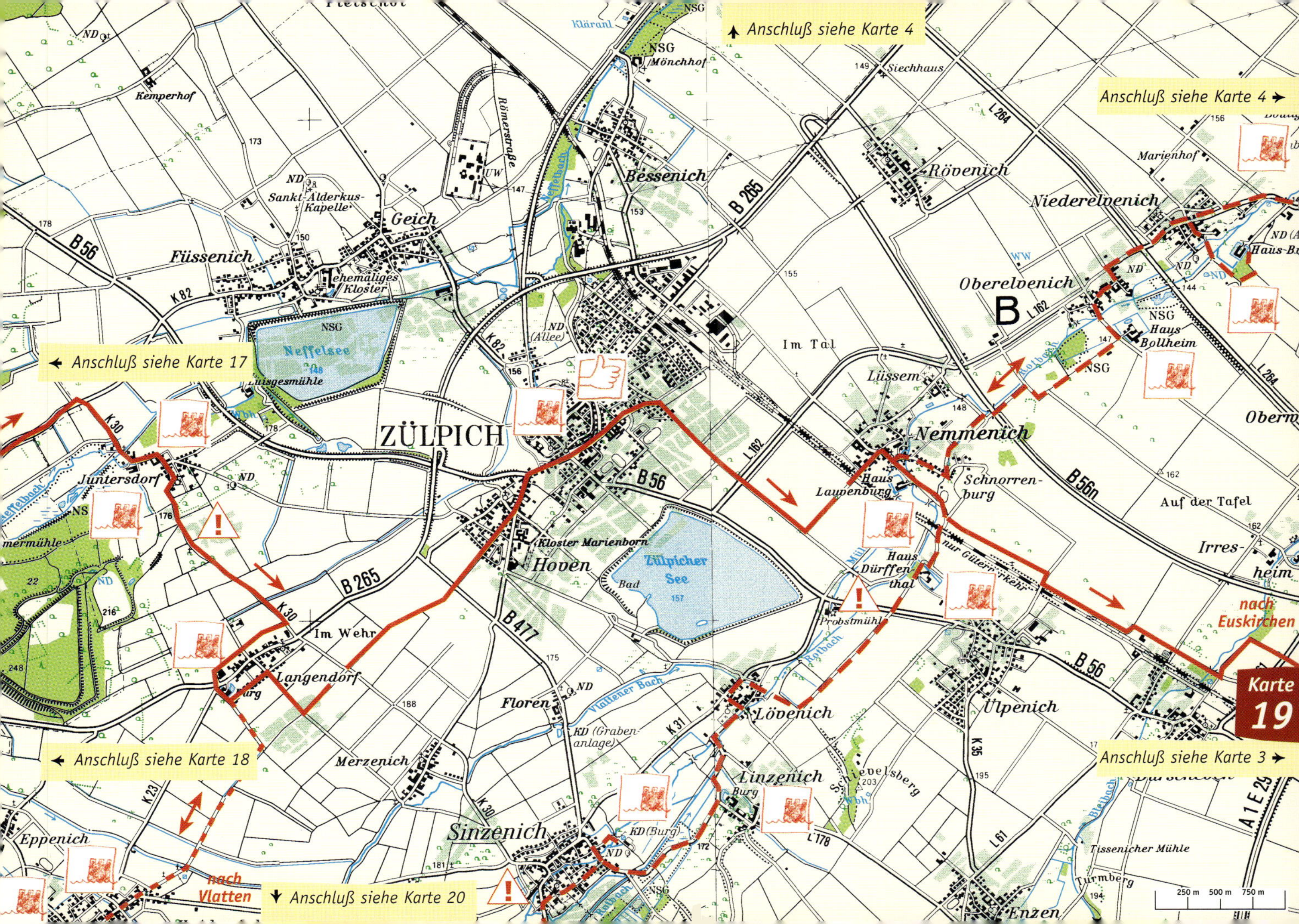

ND
Kemperhof
173
Römerstraße
UW
Klärani
NSG
NSG Mönchhof
149 Siechhaus
L 264
Anschluß siehe Karte 4
Anschluß siehe Karte 4
156
Marienhof
Rövenich
Niederelvenich
ND (A
Haus B
B 56
ND
Sankt-Alderkus-Kapelle
Geich
147
Bessenich
153
B 265
155
ND
ND
Oberelvenich
B
L 162
ND
NSG Haus Bollheim
147
Füssenich
178
150
ehemaliges Kloster
K 82
NSG
Neffelsee
148
K 82
156
ND (Allee)
Im Tal
Lüssem
148
Nemmenich
Oberw
Anschluß siehe Karte 17
Luisgesmühle
178
ZÜLPICH
L 162
Haus Lauenburg
Schnorrenburg
B 56n
162
K 30
ND
B 56
Auf der Tafel
Juntersdorf
NS
176
ND
Kloster Marienborn
Haus Dürffenthal
nur Güterverkehr
162
Irresheim
mermühle
22
ND
Hoven
Zülpicher See
157
Bad
Müll
Probstmühl
nach Euskirchen
216
B 265
K 30
Im Wehr
B 477
175
Floren
ND
Vlattener Bach
Rotbach
Lövenich
Ulpenich
B 56
248
Burg
Langendorf
188
KD (Graben-anlage)
K 31
Schievelsberg
203
Wohn
K 35
195
Anschluß siehe Karte 18
Merzenich
K 30
Linzenich
Burg
L 178
Anschluß siehe Karte 3
Darscheot
K 23
Eppenich
Sinzenich
181
ND
KD (Burg)
172
L 61
Tissenicher Mühle
nach Vlatten
Anschluß siehe Karte 20
NSG
Rotbach
Enzen
Turmberg
194
Karte 19
A 1 E 29
Bleibach
250 m 500 m 750 m

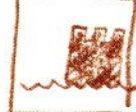

»Tolbiacum«, das heutige **Zülpich** (153 m), war einst eine römische Station an der Straßenkreuzung Trier-Neuß und Reims-Köln. Aus dieser Zeit stammt auch das heute als Museum hergerichtete »Römerbad«, eine öffentliche Badeanstalt mit Kalt-, Warm- und Heißwasserbecken, Schwitzbad, Warmluftraum und Fußbodenheizung. Im 13. Jahrhundert erhielt Zülpich die Stadtrechte und wurde mit einer Befestigungsmauer und vier Stadttoren umgeben.

Bruchsteinmauer mit Rundtorbogen abgeschlossen ist. Im Ort sind entlang der *Astreastraße* noch mehrere, heute unter Denkmalschutz stehende Fachwerk-Hofanlagen aus dem 17. bis 19. Jahrhundert erhalten.

Auf der *Astreastraße* geht es weiter durch den Ort, bis hinter einem Rechtsknick die *Gertrudisstraße* den Berg hinaufführt. Geradeaus verläuft die Tour, bis in Langendorf ca. 100 Meter vor der Bundesstraße rechts ein breiter Feldweg abzweigt. An dessen Ende fährt man links, überquert die Bundesstraße *B 265*, die *Eifelstraße* (Vorsicht!) und kommt gleich links zur Zufahrt der Burg Langendorf.

Die schön restaurierte, ehemals zweiteilige **Wasserburg Langendorf** (200 m) aus dem 12./13. Jahrhundert besteht aus Haupt- und Vorburg. Das spätgotische Herrenhaus stand mit seinem aus dem 15. Jahrhundert stammenden runden Eckturm noch im 18. Jahrhundert frei auf einer eigenen Insel. Hier wurde am 23. April 1998 im Beisein des Kölner Regierungspräsidenten Franz-Josef Antwerpes die Wasserburgen-Route offiziell eröffnet.

Zur Weiterfahrt nach Zülpich fährt man vom Hauptportal aus links auf einem asphaltierten Feldweg ganz um die Burg herum. Die *Antoniusstraße* führt dann am Ortsrand entlang bis zur *Schulstraße*. Hier wird erst rechts, nach 400 Metern an der zweiten Wegkreuzung links abgebogen. Auf dem Radweg *R 13 / R 24* geht es nun geradeaus bis zu einem kleinen Platz auf der *Nideggener Straße* im Zülpicher Ortsteil Hoven. Man folgt den Schildern in Richtung »Römerbad, Stadthalle«, hält sich an der nächsten Kreuzung rechts und bleibt auf der

Nideggener Straße. Am *Gardeplatz* geht es schließlich links durchs »Münstertor« zur Zülpicher Burg.

Die in die Stadtmauer integrierte **Burg Zülpich** (153 m) ist eine Backsteinanlage aus dem 14./15. Jahrhundert, deren Baubeginn unter dem Kölner Erzbischof Siegfried von Westerburg allerdings bereits auf das Jahr 1278 zurückgeht. Die annähernd rechteckige gotische Kastellanlage mit Rundtürmen an den Ecken und dicken Außenmauern wurde 1689 von den Franzosen in Brand gesteckt. Ab 1847 übernahm eine Brandweinbrennerei die Burg. Nach schweren Beschädigungen im Zweiten Weltkrieg wurde die Anlage vereinfacht wieder aufgebaut.

Von Zülpich aus bietet sich eine landschaftlich reizvolle, alternative Fahrtstrecke nach Bergheim, dem Beginn der dritten Etappe der Wasserburgen-Route an. Allerdings ist diese Strecke, auf der man an mehr als zehn Wasserburgen vorbeikommt, nicht ausgeschildert. Sie führt von Zülpich am Neffelsbach entlang; über Disternich, Müddersheim, Gladbach geht es nach Nörvenich. Dann kann man über Niederbolheim sowie Bergerhausen nach Kerpen oder aber über Manheim, Stammeln und Thorr nach Bergheim fahren. Zur Sicherheit sollte man für diesen Streckenabschnitt in die Radwanderkarten des Kreises Euskirchen und des Erftkreises schauen.

Um die Innenstadt von Zülpich wieder zu verlassen, fährt man zurück zum *Gardeplatz*. An dieser Kreuzung geht es links auf dem *Frankengraben* weiter. Nach 300 Metern zweigt rechts der *Keltenweg* ab. Man kommt an einigen Schulen vorbei und biegt an der nächsten Straßenkreuzung, die schon am Stadt-

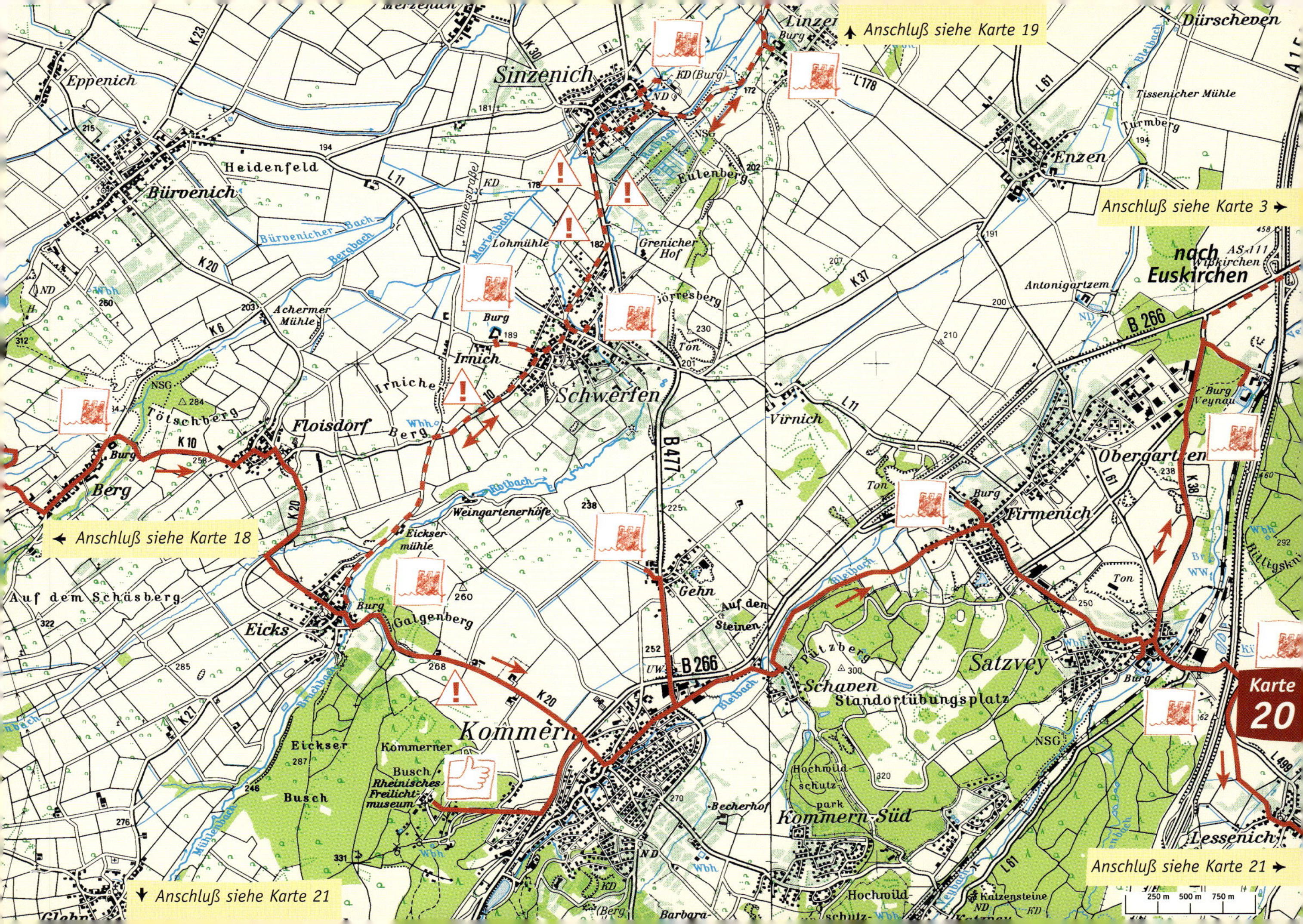

Anschluß siehe Karte 19
Anschluß siehe Karte 3
Anschluß siehe Karte 18
Anschluß siehe Karte 21
Anschluß siehe Karte 21
Karte 20
nach Euskirchen
Eppenich
Heidenfeld
Bürvenich
Bürvenicher Bach
Bergbach
Achermer Mühle
Tötschberg
Floisdorf
Berg
Burg
Auf dem Schäsberg
Eicks
Galgenberg
Eickser mühle
Eickser Busch
Busch
Kommerner Busch
Rheinisches Freilichtmuseum
Kommern
Kommern-Süd
Sinzenich
KD (Burg)
ND
Eulenberg
Lohmühle
Grenicher Hof
Jörresberg
Irnich
Irniche Berg
Schwerfen
Weingartenerhöfe
Gehn
Auf den Steinen
B 266
Linzenich
Burg
Dürscheven
Tissenicher Mühle
Turmberg
Enzen
Antonigartzem
Virnich
Virnich
B 477
Becherhof
Schaven
Standortübungsplatz
Putzberg
Satzvey
Burg
Hochwildschutzpark
Firmenich
Burg
Obergartzen
Burg Veynau
nach Wißkirchen
AS 111
B 266
Lessenich
Rittigskni
Katzensteine
Barbara
250 m   500 m   750 m

rand liegt, rechts in die *Tilsiter Straße* ein. Hier verläuft rechts der Radweg *R 24*. Nach eineinhalb Kilometern zweigt links ein Feldweg nach Nemmenich ab, der über die Gleise der stillgelegten Bahnstrecke führt. Im Ort führt die *Phillip-Orth-Straße* rechts zum Haus Lauvenburg.

Haus Lauvenburg (160 m) ist eine zweiteilige, völlig erhaltene Wasserburg mit stattlichem Herrenhaus aus Backstein aus dem 15./16. Jahrhundert mit zahlreichen Elementen der Spätgotik. Vom Tor aus ist ein Blick auf die vor 150 Jahren vollständig erneuerte Vorburg möglich.

Unter Anspielung auf den rheinischen Dialekt wird die Geschichte erzählt, daß vor langer Zeit von der Burg aus vorbeifahrende Kaufleute überfallen wurden. Die Zülpicher schließlich boten den Raubrittern ›Kappes und Knollen frei Burg‹ an, um sie so zu besänftigen. Ihr Chef soll dem Geschäft schließlich mit den Worten zugestimmt haben: »nemmen ich« – nehme ich – : So soll der Ortsname entstanden sein.

Von Haus Lauvenburg aus können Sie die Radwanderung auf drei alternativen Strecken fortsetzen: Entweder Sie bleiben auf der siebten Etappe oder Sie fahren über Lechenich zur Erft und haben so Anschluß an die zweite Tour der Wasserburgen-Route – und die Möglichkeit, auf diesem Weg elf Burgen zu besichtigen. Drittens besteht eine Querverbindung nach Eicks und Kommern zur Route 6. Alle drei Streckenverläufe werden im folgenden beschrieben.

Um die Hauptroute der siebten Tour in Richtung Euskirchen fortzusetzen, verläßt man von Haus Lauvenburg aus nach rechts den Ort. Am Ende macht die *Phillip-Orth-Straße* einen Rechtsknick und führt bis zu einer Bahnunterführung. Kurz vorher zweigt links der Radweg *R 24* nach Euskirchen ab. Allerdings sollte hier der Kurzabstecher zum Haus Dürffenthal eingeschoben werden: Man durchfährt den Tunnel und biegt am Ende des Weges rechts ab. Auf dem neuen Weg geht es um die Burg herum bis zum Eingang.

Haus Dürffenthal (160 m) ist eine sehr schöne Wasserburg aus dem 14./15. Jahrhundert mit als Winkelbau ausgeführtem Haupthaus. Die Wehranlagen wurden vor über 100 Jahren abgetragen und durch Wirtschaftsgebäude aus Backstein ersetzt. In dieser Zeit kam auch der Eckturm hinzu. Der Blick in den Innenhof auf den Privatbesitz mit mehreren Wohnungen ist vom Burgtor aus möglich.

Von Haus Dürffenthal aus gesehen folgt man hinter dem Tunnel rechts dem asphaltierten Feldweg, der auf einer Länge von rund zwei Kilometern neben den Gleisen der stillgelegten Strecke verläuft. Am Ende eines kleinen Waldstücks wird links abgebogen, um nach einem Rechtsknick erst die *L 61* und dann die Autobahn *A 1* zu passieren. In Elsig geht es links auf der *Elsiger Straße* weiter, bis nach einem Kilometer rechts der asphaltierte Feldweg immer geradeaus bis in die Euskirchener Innenstadt führt. Auf der *Kommerner Straße* biegt man links ab, folgt der *Kapellenstraße* bis rechts die *Hochstraße* direkt zum Bahnhof führt.

Wer lieber den **Weg zur Erft** und damit zur zweiten Etappe wählen möchte, radelt von Haus Lauvenburg auf der *Phillip-Orth-Straße* links in den Ort zurück. Vor der Kirche geht es rechts ein Stück auf der *Bruchstraße* weiter, bis geradeaus die

Anschluß siehe Karte 3
nach Euskirchen
Anschluß siehe Karte 20
Anschluß siehe Karte 22
Karte 21
Wald
Kreuzweingarten
Maria Rast (Römische Wasserleitung)
Auf der Bitze
Broicher Hof
Antweiler
Wachenbach
Rittergut Wachendorf
Schloß
Kalkar
Kirspenich
NSG
(Römische Kalkbrennerei)
Arloff
Kolonie Flettenberg
Burg Kirspenich
Watzenberg
Nieder-kastenholz
Burghof
Forsthaus Hardtburg
Die Hardt
Schweinheim
Kirchheim
Klosterberg
Kloster Schweinheim
Kloster
Schweinheimer Wald
Dachsberg
Steinbach
Bad
talsperre
Silberberg
FLAMERSHE
Am Rührig
Wald
Rothenberg
Natur
Jühlesberg
Schlangenberg
schutz
Auf dem Hembüchel
Iversheim
Landstraße
Iversheimer
Hartenberg
Arloffer Wald
Arloffer Berg
Kirchheimer
Wald
Forsthaus Steinbach
Straße
Kahlenberger
Eschweiler
Golfplatz
Möschemer-mühle
Kalkstein
Kloster
gebiet
Giersberg
Gut Giersberg
Wehnsberg
Schleidbach
Lammertsberg
Martinspfuhl
250 m   500 m   750 m

Schnorrenberger Allee zwischen Wohnhäusern zu einer Kreuzung führt. Hier biegt man links auf einen Feldweg, der unter der Trasse der Bundesstraße *56n* hindurchführt. Am Ende des Weges fährt man zunächst rechts und kurz dahinter wieder links. Auf der von Eichen gesäumten Allee erreicht man Haus Bollheim.

Von **Schloß Bollheim** (147 m), umgeben von den Resten der ausgedehnten ehemaligen Grabenanlage, sind nur noch die weitgehend originalen Vor- und Wirtschaftsgebäude aus dem 18. Jahrhundert erhalten. Das Herrenhaus wurde 1882 vollständig abgerissen. Der heutige landwirtschaftliche Betrieb hat einen eigenen Bioladen.

Vom Haus Bollheim aus muß nun rechts abgebogen werden. An der Kirche geht es rechts in die *Kellerhofstraße*, an deren Ende links die Landstraße erreicht wird. Der Radweg (auf der gegenüberliegenden Straßenseite) führt rechts nach Niederelvenich.
Hier bietet sich ein Abstecher zum Haus Busch an. Im Ort radelt man rechts in die *Talstraße* und biegt kurz vor ihrem Ende rechts ab. Am Sportplatz fährt man links und erreicht diese weitere historische Sehenswürdigkeit.

Haus Busch (143 m) wurde Mitte des 15. Jahrhunderts als Rittersitz des Adam Beissel von Gymnich bewußt in sumpfigem Gelände aber nahe dem Ort errichtet, der zum Besitz der Abtei Prüm gehörte, bis 1247 die Landeshoheit an Kurköln fiel. Haus Busch, vom Typ her eine klassische spätmittelalterliche Wasserburg, gilt als einer der kunsthistorisch bedeutendsten Bauten im Zülpicher Stadtgebiet.

Von hier aus kann man nach **Wichterich** weiterfahren. Halb rechts führt ein Feldweg durch die Felder, an dessen Ende links zur *Frankfurter Straße* abgebogen wird. Rechter Hand liegt der Schrammenhof. Neben der Kirche befindet sich der Roeschhof (Rochhof) und auf der anderen Straßenseite das Halfenhaus (Fronhof), das vermutlich aus dem 16. Jahrhundert stammt.

Der **Schrammen-, Roesch- und Fronhof** (150 m): Für den kleinen Ort am Rande des Bleibaches sind frühgeschichtliche Siedlungsaktivitäten nachgewiesen. Eine alte Römerstraße wurde hier später von der mittelalterlichen Aachen-Frankfurter Krönungsstraße gekreuzt. Klosterherren der Abtei Prüm ließen hier ab 866 zahlreiche Lehenshöfe errichten, auf die die erhaltenen Gebäude zurückgehen. Von der *Frankfurter Straße* aus geht ein Weg links am Ort vorbei. Er verläuft neben dem Bleibach und führt geradeaus bis zum Bouligshof in Mülheim.

Wer auf den Abstecher zum Haus Busch verzichtet, folgt weiter der *Wichtericher Straße*. Am Ende des Ortes zweigt links die *Nordstraße* ab. Hier führt der rechts beginnende Feldweg in Mülheim gleich an drei, vom Weg sichtbaren Wasserburgen vorbei. Nach knapp eineinhalb Kilometern zweigt rechts die *Schmiedestraße* ab, von dieser geht rechts der Zufahrtsweg zum Bouligshof ab.

Der **Bouligshof** (150 m) ist eine ehemalige zweiteilige Wasserburg. Vermutlich befand sich auf dem Burggelände einst eine keltisch-römische Einzelhofsiedlung. Haus Boulig bestand aus einem auf einer fast quadrati-

So darf Ihnen ruhig mal die Puste ausgehen: Picknick im Grünen

7

schen Insel stehendem einfachen Backstein-Herrenhaus aus dem 17. Jahrhundert und einer schmucklosen Vorburg aus dem 19. Jahrhundert. Die Hauptburg des ehemaligen Prümer Lehens wurde im Zweiten Weltkrieg gänzlich zerstört, auf ihren noch sichtbaren Fundamenten steht heute eine Maschinenhalle. Vom Bouligshof aus fährt man auf der *Niederberger Straße* weiter geradeaus und biegt links in die *Pescher Straße* ein, über die man die nächste Burg erreicht.

Die einstige **Wasserburg Mülheim** (150 m) gehörte über Jahrhunderte als Lehenshof zur Abtei Prüm. 1863 wurde sie nach einem Brand abgetragen und als einfacher Gutshof ohne denkmalrelevante Substanz wieder-aufgebaut.

Von hier ist die nächste Burg bereits in Sicht! Man hält sich zunächst links und dann zweimal hintereinander rechts und kommt so zum Haus Pesch.

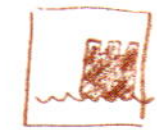

Die zweiteilige Wasserburg **Haus Pesch** (150 m) – einer der ehemaligen 14 Prümer Gutshöfe – wird 1447 als adliger Hof erstmals erwähnt. 1711 wurde das Herrenhaus zu einem einfachen barocken, zweigeschossi-gen Backsteinbau mit hohem Walmdach umgestaltet. Der dreiflügelige Wirtschaftshof wurde nach Bränden 1863 und 1915 neu errichtet.

Auf dem Feldweg, der an Wichterich und Mülheim vor-beiführt, geht es weiter in Richtung Lechenich. An der Land-straße (*L 181*) biegt man rechts nach Niederberg ab. Nach 300 Metern führt im Ort links die *Bleistraße* zur Burg Niederberg.

Burg Niederberg (125 m) ist eine in den Auen des Rotbachs wohl zwischen dem 12. und 14. Jahrhundert entstandene zweiteilige Wasserburg, die ab 1497 für zweieinhalb Jahrhunderte im Besitz des Hauses Mechernich blieb. Das einfache hufeisenförmige Herrenhaus aus Backstein von 1710 mit der kleinen, aus Fachwerk bestehenden Vorburg ist vollständig von einem romantischen Burggarten umgeben.

Von der Burg aus geht es links durch den Ort und anschließend neben der Landstraße *L 162* nach Friesheim. Im Ort biegt man links in die *Weilerswister Straße* ab, die nach Erp führt. Nach-dem der Rotbach überquert wurde, taucht linker Hand die Weiße Burg auf (s. Tour 2). Von hier aus geht es an der Reding-hover Burg vorbei nach Lechenich. Damit hat man den An-schluß an die Wasserburgen-Route entlang der Erft erreicht.

So weit das Auge reicht...
Sonnenuntergang in der Ebene

Wer **Anschluß an die Wasserburgen-Route des Eifelrandes** sucht (s. Tour 6), fährt von Haus Lauvenburg in Richtung Euskir-chen. Nun aber wird die Bahntrasse rechts durch den Tunnel unterquert. Am Ende dieses Weges biegt man rechts ab und fährt links um Haus Dürffenthal herum. Der Asphaltweg führt gerade-aus hinaus auf die Felder. Nachdem die *B 56* überquert wurde, geht es nach knapp eineinhalb Kilometern an der Kreuzung rechts nach Lövenich. Im Ort fährt man links auf der *Prälat-Fran-ken-Straße* weiter und folgt der nun kurvenreichen Landstraße bis zur Kreuzung, an der es links nach Linzenich geht. 100 Meter hinter der Kreuzung liegt bereits die Burg-Zufahrt.

Die alte **Linzenicher Burg** (172 m) am Rotbach wurde 1642 völlig zerstört, im 18. Jahrhundert aber neu aufgebaut. Von der befestigten Hofanlage ist nur das schlichte zweigeschossige Wohnhaus, dessen Oberge-schoß mit Schiefer verkleidet ist, erhalten. Die u-förmige Vor-burg und die Bauten des Wirtschaftshofs aus dem 19. Jahrhun-dert sind noch teilweise von einem Wassergraben umgeben.

Zurück auf der Landstraße fährt man weiter geradeaus und erreicht nach einer langgezogenen Rechtskurve den Ort Sinze-nich. Nach 100 Metern zweigt links die *Gartenstraße* ab. Bleibt man auf der *Linzenicher Straße*, so führt nach knapp 200 Metern rechts die *Ritterstraße* wiederum rechts zur Burg.

Die **Sinzenicher Burg** (172 m) ist eine frühere Was-serburg, die ab 1447 Sitz einer Jülicher Unterherr-schaft war. Zwischenzeitlich erneuert, stürzte ein Großteil des Gemäuers infolge des Erdbebens von 1755 ein, 1895 wurde auch der Rest durch einen Blitzschlag zerstört. Seither stehen nur noch das durch Kriegseinwirkungen beschädigte Untergeschoß des alten quadratischen Turms und ein Mauerrest. In den Ruinen der Vorburg entstand 1976/77 ein modernes Landhaus. Der Privatbesitz ist über den Teich gut einsehbar.

Zurück auf der *Gartenstraße*, durchfährt man diese bis zum Ende, passiert rechts einen schmalen Durchgang und trifft auf eine Kirche. Links geht es um das Gotteshaus herum. Die *Kirchstraße* macht einen Rechtsknick und führt dann links zur B 477, der *Kommerner Straße* (B 477). Hier wird links auf die Bundesstraße abgebogen: Vorsicht! Es gibt noch keinen separaten Radweg. Nach ca. 800 Metern zweigt rechts die *Neustraße* ab, die nach Schwerfen führt. An der dritten Kreu-zung folgt man links der *Beuelstraße* bis zur nächsten Kreu-zung – hier geht es links zur Gülichsburg.

Die fast quadratische, einteilige **Gülichsburg** (189 m) war im 19. Jahrhundert noch ganz von Wassergräben umgeben. Da die kleine Anlage strategisch unbedeu-tend war, gibt es wenig Historisches zu berichten. Der westli-che Teil des Haupthauses stammt wohl aus dem 14. Jahrhun-dert. Insgesamt verkörpert die Anlage sehr anschaulich den Typ der kleinen, einteiligen ›Ackerburg‹ mit ungewöhnlich viel originaler Substanz. Bemerkenswert ist die rein gotische Konstruktion des Dachstuhls.

Zurück an der Kreuzung überquert man die *Beuelstraße* und fährt *An der Gülichsburg* weiter geradeaus, bis an der näch-sten Kreuzung rechts auf die *Schwerfener Hauptstraße* abge-bogen wird. Bei nächster Gelegenheit führt rechts die *Irnicher Straße* zur Burg.

Die ehemalige **Wasserburg Irnich** (189 m) aus dem 14. Jahrhundert geht wahrscheinlich auf eine Einzel-hofsiedlung vorrömischen Ursprungs zurück. Der gut erhaltene Torturm, Mauerreste und der Nordost-Turm der Burg lassen die alte Struktur dieser in gutem Zustand befindli-chen vierflügeligen Anlage erkennen.

Man kehrt auf die *Schwerfener Hauptstraße* zurück, die leicht bergauf aus dem Ort herausführt. Vorsicht, auch hier gibt es keinen separaten Radweg. Nach einem Kilometer zweigt vor der Irnicher Burg links ein etwas schadhafter Asphaltweg ab (*R13*). Dieser führt geradeaus an der **Eickser Mühle** vorbei direkt zur **Burg Eicks** und von dort weiter nach Kommern (Weiterfahrt s. Tour 6).

Idyllischer Rastplatz – manche Gegenden der Wasserburgen-Route sind zu schön, um schnell weiterzufahren

 # Service 

Information

Düren: *s. Service Tour 6*
Kreuzau: *s. Service Tour 6*
Zülpich: *Stadtverwaltung, Markt 21, Tel: 022 52/52–0*
Euskirchen: *s. Service Tour 2*

Der Radwanderführer des Kreises Euskirchen: 12 Monate - 12 Touren, Tel: 022 51/15–231

Rad & Hilfe

Zülpich: *P. Schuhmacher, Münsterstr. 16, Tel: 022 52/26 17*

(Rad-)Taxi

Zülpich: *Tel: 02252/940 50*

Burg/Schloß

18 Anlagen *max. 3 km von der Hauptroute entfernt* · **mind. 28 Anlagen** *max. 10 km von der Hauptroute entfernt*

Sehenswürdigkeiten/Kultur

Zülpich: *Antikes Römerbad und Heimatmuseum, Tel: 022 52/27 70; Historische Altstadt mit Stadtbefestigung und Zülpicher Burg, Tel: 022 52/52–0*

Touren-Tips

Zülpicher See, Wassersportsee zwischen Zülpich und Lövenich

Schwimmbäder: *Zülpich: Zülpicher See*

7

Die prachtvolle, typisch rheinische Wasserburg Adendorf

Tour 8: Auf den Spuren des Mittelalters

Wegverlauf: *Stadt Euskirchen – Stadt Rheinbach – Stadt Meckenheim – Gemeinde Wachtberg – Stadt Bonn ·* **Länge:** *ca. 45 km ·* **Highlights:** *Hardtburg, Glasstadt Rheinbach mit Glas- und Kutschenmuseum, Tomburg, Töpferort Adendorf, ehemaliger Vulkan »Rodderberg«, Rheinblick*

Tour 8 führt von Euskirchen über die Hardtburg bis zur Glasstadt Rheinbach mit ihrem Glasmuseum im Himmeroder Hof. Auf dem landschaftlich ausgesprochen reizvollen Weg nach Bonn begegnen Ihnen sieben Wasserburgen und Burgen. Zu bewältigen ist lediglich ein ca. 1000 Meter langer Anstieg bei Niederbachem. Die Route im Swisttal entlang des Eifelrandes führt durch die »Goldene Meile«, Nordrhein-Westfalens größtes Obstanbaugebiet und das »Drachenfelser Ländchen« bis an den Rhein. Sämtliche Heere früherer Jahrhunderte zogen bis zum Ende des 30-jährigen Krieges auf ihrem Weg nach Norden oder Süden durch das Swisttal und nicht am Rhein entlang. Die markante, auf einem Berg geschützte Tomburg und die Burg Münchhausen, damals von sumpfigem Gelände umgeben, sind die ältesten sichtbaren Zeugen jener unruhigen Zeiten. Über die alte Römerstraße geht es zum Rolandsbogen und zum Naturschutzgebiet Rodderberg mit großartigem Ausblick auf den Rhein, das Siebengebirge und die Bonner Bucht. Das letzte Stück führt am Rhein zurück nach Bad Godesberg. Wer nicht nach Bonn fahren möchte, wählt in Klein-Villip die Landstraße nach Villip und schließt an der Burg Gudenau an die erste Etappe der Wasserburgen-Route an.

Die Fahrt beginnt diesmal nicht vor, sondern hinter dem Bahnhof Euskirchen auf der *Johannesbergstraße*. Diese führt links neben den Gleisen bis zu einer Unterführung; hier geht es auf der *Alfred-Nobel-Straße* weiter geradeaus. Nachdem man die Bundesstraße unterquert hat, zweigt links ein Radweg ab. Dieser Weg, der erst *Carl-Benz-Straße* und später *Felix-Wankel-Straße* heißt, führt an Roitzheim vorbei bis nach Rheder. Wenn dort der als *R 15/F 1* gekennzeichnete Asphaltweg endet, biegt man zunächst links und vor der Kläranlage dann rechts ab. Der *Kieselweg* führt bis zur *Dechant-Wolfgarten-Straße*, an der links abgebogen wird. Anschließend geht es über die Erft und den Erftmühlenbach, so trifft man in einem weiten Linksbogen hinter der Papierfabrik auf eine Bahntrasse. Links beginnt die Straße *An der Liersmühle* : Sie führt erst neben den Gleisen, dann auf der anderen Seite des Bahnübergangs bis zur *Hardtstraße* in Stotzheim.

Die *Hardtstraße* wird überquert, und es geht nun auf der *Hardburger Straße* weiter. Nach 200 Metern zweigt rechts die durch einen Wald führende, leicht ansteigende Zufahrt zur **Hardtburg** ab (s. Tour 6). Damit ist der Anschluß an die Wasserburgen-Route erreicht.

Von der Hardtburg aus beginnt die Fahrt in Richtung Bonn. An der Schranke (wer von Stotzheim kommt, biegt hier links ab) geht es geradeaus auf einem Schotterweg leicht bergauf

In **Stotzheim** *(200 m) zweigt der Erftmühlengraben von der Erft ab, der in früheren Zeiten mehr als zehn Mühlen antrieb. Einige, wie die Klostermühle, besitzen sogar heute noch Wasserrechte und erzeugen – wenn auch nur für den Privatgebrauch – Strom. In Zusammenarbeit mit dem Landschaftsverband Rheinland wurde ein eigener Radweg ausgeschildert, der einen guten Eindruck von dieser wirtschaftlich einst so bedeutenden Region vermittelt.*

Die Hardtburg ist eine begehbare Burgruine mit interessanter Vergangenheit

8

durch den Wald und hinaus auf die Felder. Nach 800 Metern ist Vorsicht geboten: hier kreuzt die *Gregor-Mendel-Straße*, die die Ortschaften Stotzheim und Kirchheim verbindet. Gleich hinter dem Wasserwerk führt ein Weg links hinunter in die Ebene. Von diesem Punkt aus hat man einen phantastischen Weitblick über die Ebene von Swist und Erft! Am Fuß des Hangs zweigt rechts hinter einer großen Scheune ein Feldweg ab, der schließlich als *Saalstraße* an der *Kreuzstraße* endet. Links geht es die Anhöhe hinunter bis zu einer Kreuzung. Rechts führt die *Niederkastenholzer Straße*, von schönen Fachwerkhäusern gesäumt, zur *Burgstraße*. Gleich vor der Bushaltestelle liegt rechts die Zufahrt zur Wasserburg.

Ein wahres Schmuckstück ist die **Burg Niederkastenholz** (230 m) – sie wurde hervorragend instandgesetzt, glänzt mit restaurierten Gebäuden auf der Vorburg. Auch ein Teil des Wassergrabens ist noch erhalten. Die Anlage gehörte einmal zur Abtei Kornelimünster. Ins Auge sticht der mächtige Burgfried mit l-förmig angebautem Wohnhaus. Vom schmiedeeisernen Tor aus hat man einen guten Einblick in den Burghof.

Zurück an der Bushaltestelle führt die *Niederkastenholzer Straße* rechts an einem Sackgassenschild vorbei bis nach Flamersheim. Hinter einer Unterführung macht der Asphaltweg eine Linkskurve und mündet in den *Rotkehlchenweg*. Hier geht es rechts weiter, bis man an der *Pützgasse* links und gleich darauf rechts in die *Sperberstraße* abbiegt.
An der nun folgenden Kreuzung sollten Sie links kurz einen Abstecher zum **Flamersheimer Markt** unternehmen. Von diesem recht schön gestalteten Platz mit Fachwerkhäusern und

Kirche kann man durchs Tor einen seitlichen Blick auf die Burg Flamersheim werfen.

Der Ort Flamersheim taucht erstmals 870 in überlieferten Unterlagen auf, als sich König Ludwig der Deutsche beim Einsturz seines offenbar baufälligen Hauses zwei Rippen brach. Erst 500 Jahre später wird eine einst zweiteilige Wasserburganlage erwähnt, die dem Grafen von Jülich als Lehen und Offenhaus aufgetragen worden war. In dem gegen Ende des 18. Jahrhunderts erbauten schlichten zweitürmigen **Barockschloß Flamersheim** (200 m) soll einmal der junge Beethoven gespielt haben!

Die *Sperberstraße* führt am Schloßpark vorbei und stößt nach einer Links-Rechts-Kurve auf die *Kleine Höhle*. Diese Straße trifft nach 50 Metern auf die *Große Höhle*, die nach ca. eineinhalb Kilometern rechts in Schweinheim endet. Im Ort zweigt an einem großen Platz rechts die *Schweinheimer Straße* mit ihren schönen Fachwerkhäusern ab. Hinter der kleinen Kirche mit Friedhof geht es links zur Burg.

Nur die neben der Straße liegende Bruchsteinwand und der kleine fünfseitige Eckturm erinnern noch an die Zeiten, als **Burg Schweinheim** (217 m) eine Wasserburg war. Diese Teile der ehemaligen mittelalterlichen Vorburg wurden im 19. Jahrhundert in einen Gutshof integriert. In der geschlossenen, privaten Hofanlage ist heute ein landwirtschaftlicher Betrieb untergebracht.

Vom Hoftor der Burg aus geht es zurück zur Straße. Rechts am Ende biegt man links in die *Schweizer Straße* ein und fährt ein

8 Apfelspalier in Meckenheim

Niederdrees
B 266
Anschluß siehe Karte 2
Peppenhoven
Flerzheim
Haus Heister bach
Odendorf
Oberdrees
Raststätte Peppenhoven
Ramershoven
B 266
A 61 E 31
Justiz vollzugs anstalt
Lappermühle
Lappermühlenallee
Siedlung Schornbusch
Antonius- hof
Margaretenhof
Neue Allee
Mausmaar
L 158
Römerhof
Hubertushof
Marthashof
Arenberger Hof
K 51
Versuchsgut Klein Altendorf
Flamersheim
Flamersheimer Allee
Burg Ringsheim
Alte Burg
Ringsheimer Allee
Gut Waldau
RHEINBACH
Klein Altendorf
AS 28 Rheinbach
Forst Schornbusch
Speckelstein
Schweinheimer Pfad
Wischeler Turm
Beuelskopf
Rheinbacher
Stadt- wald
Anschluß siehe Karte 23
schweinheim
Burg Haus Schlangeneck
Wischeler Turm
Wormersdorf
Wormersdorfer
Anschluß siehe Karte 21
Groß schlebach
Klein
Wolfseiche
Königs baum
Wald kapelle
Scherbach
Siebersberg
Loch
Klein
Merzbach
Schwarzes Kreuz
Wald
Tomburg
Krahforst
Quecken berg
Irlenbusch
Hochkopf
Hardt
Auf dem Verbrannten
Karte 22
250 m 500 m 750 m
Krummeich

Zu allen Jahreszeiten ein traumhafter Anblick: das Landschloß Burg Ringsheim

 *Die **Glasstadt Rheinbach** mit ihren zahlreichen Glasgeschäften ist eine im mittelalterlichen Stil restaurierte Kleinstadt. Hier fand 1636 einer der letzten Hexenprozesse des Rheinlandes statt. Der Burgturm sowie das Himmeroder Hoftor können für private Veranstaltungen gemietet werden. In einem Teil des Himmeroder Hofs ist das **Glasmuseum** untergebracht: Es beherbergt die bedeutendste Sammlung nordböhmischer Glaskunst. Ferner befindet sich hier das Info-Zentrum des Naturparks Kottenforst-Ville. Sehenswert ist das **Kutschenmuseum** des Franz Mostert, der auch historische Kutschenfahren anbietet. An der Martinstraße sollten Sie einen Blick auf das Teilstück der **römischen Eifel-Wasserleitung** werfen.*

Stück neben dem Sürstbach her. Nach zwei typischen Dorfkneipen zweigt vor der Steinbach-Brücke rechts die *Pferdefriedhofsgasse* ab, die als *Hans-von-Bemberg-Straße* zur *L 119* führt (Vorsicht!). Auf der anderen Straßenseite folgt direkt links ein Asphaltweg in einer langgezogenen Rechtskurve dem Wassergraben um den Burgpark herum. Am Ende liegt rechts der Zugang zum Park. Von hier aus ist der Blick auf Burg Ringsheim am schönsten.

 Die **Burg Ringsheim** (215 m) ist ein von zwei quadratischen Ecktürmen flankiertes zweiflügeliges Landschloß, das im 17. Jahrhundert auf den Resten einer spätmittelalterlichen Wasserburg errichtet wurde. Teile des alten Grabens sind noch erhalten. Ungewöhnlich für das Rheinland ist auf den ersten Blick die dorfferne Lage des Schlosses, tatsächlich aber gab es im 17. Jahrhundert eine Ortschaft, von der nur noch die Kirchenruine im Schloßpark zeugt. Vom Park aus ist das bewohnte Schloß gut zu sehen.

Die Burg hinter sich lassend, geht es nun hinaus in die freie Landschaft. An der kreuzenden *K 51* verläuft rechts parallel zur Straße ein Radweg bis nach Rheinbach. Dieser endet an der Rheinbacher Umgehungsstraße; auf der anderen Seite der sogenannten *Westtangente* führt ein neuer Radweg rechts bis zu einem Kreisverkehr. Während es geradeaus zum Rheinbacher Freizeitpark mit Wellenbad geht, führt links die *Münstereifeler Straße* ins Stadtzentrum. Nach 600 Metern zweigt rechts die *Turmstraße* ab, an deren Ende der *Himmeroder Wall*, das Herzstück dieser rheinischen Kleinstadt beginnt. Hier befand sich einst der Stadtweiher, Teil der mittelalterlichen Stadtbefestigung. Daran soll ein künstlicher Wasserlauf erinnern, der sich

vom wiederaufgebauten Stadttor bis zum Mittelturm (in dem sich eine öffentliche Toilette befindet) hinzieht. Am Ende des Platzes steht der Hexenturm mit den Überresten der alten Rheinbacher Burg.

Die aus dem 12. Jahrhundert stammende **Rheinbacher Burg** (170 m), wurde später in die Stadtbefestigung einbezogen. Mit der Zerstörung durch die Truppen des Prinzen von Oranien wurde ab 1780 die einst stattliche Anlage als eine Art Steinbruch benutzt, von der nur noch das Burgtor, der Hexenturm und Reste des Mauerwerks erhalten sind. Die Ruine ist heute mit einem modernen Schulbau verbunden.

Vom Hexenturm aus folgt die Wasserburgen-Route der Straße *Stadtpark* hinauf bis zum Waldrand. Der linke asphaltierte Weg führt weiter in Richtung Wormersdorf. An der folgenden Wegkreuzung zweigt links ein Schotterweg ab, der bei nächster Gelegenheit auf einem asphaltierten Weg nach rechts verlassen wird. In der Ortschaft geht es zunächst an Sport- und Tennisplätzen vorbei bis zu einer Straßenkreuzung mit Vorfahrtsschild. Um zur Tomburg zu kommen, biegt man hier rechts ab.

 Die der Eifel vorgelagerte Bergkuppe, ein gut 300 Meter hoher Basaltkegel, war schon von den Kelten besiedelt und befestigt worden, lange bevor hier im 11. Jahrhundert eine stattliche Steinburg errichtet wurde. Von der **Tomburg** (320 m) aus beherrschten (und tyrannisierten später als verarmte Raubritter) die Herren von Tomburg über lange Zeit die Swistebene. Ein kurzer Besuch der Burgruine

lohnt sich, denn von der Tomburg aus hat man den besten Ausblick über die Swistebene bis hin zum Siebengebirge und dem Kölner Dom.

Zurück an der Kreuzung fährt man nun auf der *Floßstraße* geradeaus. Hinter der Kirche geht es links auf dem *Burgweg* weiter, der nach 50 Metern vor dem Friedhof verlassen wird. Dieser Feldweg trifft nach einem Kilometer in Ersdorf auf die Hauptdurchgangsstraße *L 471*. Gegenüber der Kirche ist Vorsicht geboten, da rund 50 Meter auf der vielbefahrenen *Rheinbacher Straße* gefahren werden müssen, bis die Wasserburgen-Route hinter der Linkskurve rechts in die *Schulstraße* abzweigt. Diese ändert in Höhe der Kirche mit angrenzendem Friedhof ihren Namen in *Kirchstraße*. In der folgenden Rechtskurve aber geht es geradeaus weiter bis hinunter zur *Burgstraße*. Gleich gegenüber führt neben den Garagen ein schmaler Weg zur links etwas zurückliegenden Altendorfer Burg.

 Die erhaltenen Reste der ehemals zweiteiligen **Wasserburg Altendorf** (200 m) wurden erst in den letzten Jahren renoviert. 1345 erhielten die Grafen von Neuenahr das kölnische Lehen. Wahrscheinlich wurde die Burg schon vor 1800 aufgegeben. Das Herrenhaus neben dem Ersdorfer Bach dient heute der Stadt Meckenheim als Bürgerzentrum. Auch die Musikschule ist hier untergebracht.

Von Burg Altendorf aus bietet sich ein **Abstecher** zum zwei Kilometer entfernten **Ort Gelsdorf** und zur gleichnamigen Burg an. Da derzeit allerdings noch kein gesonderter Radweg existiert, muß man mit erhöhter Aufmerksamkeit die Bundesstraße (*B 266*) benutzen. Hinter der Autobahnbrücke geht auf der linken Seite ein asphaltierter Feldweg ab, der nach einer Weile auf die *Grünstraße* trifft. In diese biegt man links ein und erreicht nach 300 Metern die Burg Gelsdorf.

 **Burg Gelsdorf** (209 m) ist eine ehemalige, 1979 abgebrannte Wasserburg mit Vorburg, Park und Wassergräben, die gut 200 Jahre vorher erbaut worden war. Die gesamte Anlage wurde zwischenzeitlich wieder aufgebaut bzw. nachgebaut, denn auf den Ruinen entstand im alten Gewand ein ›Neubau‹ mit modernen Eigentumswohnungen. Burg und Vorburg sind bewohnt.

Von Burg Altendorf aus passiert die Wasserburgen-Route eine kleine Holzbrücke über den Altendorfer Bach und geht links weiter. Nachdem die *Ahrstraße* überquert wurde (Vorsicht!), geht es auf dem *Krötenpfuhl* weiter. An dessen Ende hält man sich rechts und an der Wegkreuzung links. Nach dem Überqueren der Autobahn (*A 61*) führt der Asphaltweg geradeaus über die Landstraße Gelsdorf - Meckenheim (*L 193*) hinweg bis zu einer scheinbaren Anhöhe. Hier geht es rechts über die Autobahn *A 565*. Gleich hinter der Brücke führt links ein Schotterweg quasi wieder zurück zur Autobahn; er macht aber einen Rechtsknick und geht als *Münchhausener Weg* direkt zur Burg.

 **Münchhausen** (180 m) ist eine ehemalige, sehr alte Wasserburg mit erhaltenem Burgturm aus dem 12. Jahrhundert. Geschichtlich betrachtet ist sie eine der wichtigsten Burgen des Swisttales. Ursprünglich gehörte sie zur Abtei Prüm, ab dem 13. Jahrhundert zum Erzstift Köln.

Blick in die Weite von der Tomburg aus: Der markante Standort, auf dem die Burg im 11. Jahrhundert errichtet wurde, war bereits von den Kelten besiedelt

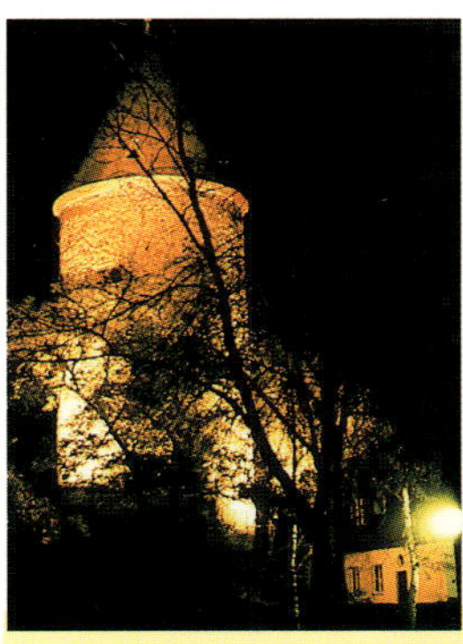

Der Hexenturm – heute zu mieten – erinnert an grausame ferne Zeiten

8

Zu Gast in den Gewässern der Burg Odenhausen

Große Teile der Fundamente bestehen aus Resten der ehemaligen römischen Wasserleitung, die vor knapp 2000 Jahren von Nettersheim über Meckenheim nach Köln führte. In die Überreste der Burg wurden in den beiden vergangenen Jahrhunderten neue Wohngebäude integriert, die heute zu einem Reitstall gehören.

Von hier aus bietet sich ein Abstecher nach **Meckenheim** an. Man fährt auf dem asphaltierten Wirtschaftsweg an der Burg vorbei in Richtung des Waldes, biegt aber hinter der Koppel links auf einen Feldweg ab. Es geht unter der Autobahn hindurch und gleich dahinter links über eine Holzbrücke. Der rechte Schotterweg führt entlang der Swist bis nach Meckenheim (sieheTour 1, S. 15).

Wer auf den Besuch Meckenheims verzichtet, fährt auf dem asphaltierten Wirtschaftsweg an Burg Münchhausen vorbei und weiter geradeaus bis hoch zum Wald. Auf dem Radweg, der rechts neben der Landstraße verläuft, sind es nur noch 500 Meter bis nach Adendorf. Die *Töpferstraße* führt an zahlreichen Töpfereien vorbei bis zur Kirche. Vor dem Gotteshaus zweigt rechts die *Kirchstraße* ab, die nach einem Linksknick auf die *Von-Loe-Straße* trifft. Rechts geht es am Schloßpark vorbei zur Burg.

Adendorf (190 m) ist eine prachtvolle, typische rheinische Wasserburg mit kompletter Vorburg und herrschaftlichem, viereckigem Schloß mit kleinem Innenhof. Der Grundriß geht auf eine Burg aus dem 14. Jahrhundert zurück. Das schließlich zu einer Renaissanceanlage umgebaute Schloß erinnert stark an die niederländischen

Casteels. Es ist eingebettet in einen mit alten Bäumen bestandenen Park, umgeben von einem vollständig erhaltenen Wassergraben. Den schönsten Überblick auf die unzugängliche private Anlage hat man von der Burgbrücke aus. An der Straße nach Eckendorf übrigens kann man noch eine fast vier Meter hohe Motte ausmachen, die zu einer zweiteiligen Burghügelanlage gehörte. In einem Teil der ehemaligen Vorburg liegt heute der Schäfereihof.

Von Burg Adendorf aus geht es auf der *Von-Loe-Straße* zurück zur *Töpferstraße*. An der Kirche biegt man rechts ab, um nach 100 Metern links auf dem *Grimmersdorfer Weg* weiter zu fahren, der aus dem Ort hinaus auf die Felder führt. Nach einem halben Kilometer zweigt vor einer Apfelplantage rechts ein Schotterweg ab, der ab der nächsten Kreuzung wieder asphaltiert ist. An der weithin sichtbaren Trauerweide und dem Wegkreuz geht es links weiter in Richtung Klein-Villip. Am Waldrand ist Vorsicht geboten, da der folgende Straßenverlauf nicht eingesehen werden kann. Im kleinsten Ortsteil der

8

Gemeinde Wachtberg kommt man nach einer Linkskurve auf den Dorfplatz, wo es rechts zwischen zwei Häusern hindurch zur Landstraße Villip und Arzdorf (*L 267*) geht.

Auf der Landstraße muß zunächst rechts und nach 50 Metern wieder links auf einen Feldweg abgebogen werden. Dieser führt, nachdem an der zweiten Kreuzung links und anschließend auf eine breitere asphaltierte Straße rechts abgebogen wurde, bis zur Kapelle auf dem *Anton Raaf Platz* in Holzem. (Anton Raaf war ein in Wachtberg geborener Tenor des 19. Jahrhunderts – einem heutigen Pavarotti vergleichbar.) An der Kapelle biegt man links in den Ort und keine 100 Meter weiter rechts an der zurückliegenden Bushaltestelle in die *Holzemer Allee* ein. Nach einem Linksknick geht es leicht bergauf zum Waldrand. Hinter dem Haus Graffemberg führt rechts ein Schotterweg am 258 Meter hohen Wachtberg vorbei, der der Gemeinde den Namen gab. Der Weg im Wald links führt zur Gedenkstätte der Gefallenen der Gemeinde aus den beiden Weltkriegen.

Die **Gedenkstätte Wachtberg** (258 m), gleich unterhalb der gleichnamigen Bergkuppe, ist ein beschaulicher Ort der Erinnerung an die Gefallenen. »Lasset uns mannhaft für unsere Brüder sterben und kein Flecken unsere Ehre hängen. 1 Makk 9.10.« So steht es auf einem der zwölf Steine, die als Mini-Kreuzgang in runder Form, einer Turmruine nicht unähnlich, aufgestellt sind.

Zurück auf dem Weg geht es weiter geradeaus über die kreuzende Kreisstraße (*K 58*) hinweg. Die *Oberdorfstraße* führt nach gut 500 Metern direkt an Burg Odenhausen vorbei, der letzten Wasserburg auf dem Weg nach Bonn.

 **Odenhausen** (230 m) ist eine der wenigen am Hang gelegenen, ansonsten aber typischen Wasserburgen des Rheinlandes mit Vor- und Hauptburg. Seit dem 14. Jahrhundert war sie Lehen der Abtei Siegburg. Sie besitzt einen schönen Erker mit doppelgeschossigen Kreuzstockfenstern. Der Ursprung der heutigen Anlage dürfte wie bei vielen der rheinischen Burgen eine Motte gewesen sein, eine seit dem 10. Jahrhundert in ganz Europa verbreitete Burgenform auf künstlichem Hügel. Die Fundamente der allerersten Burganlage, ebenfalls eine Motte, sind im Park noch erhalten. Die beste Sicht besteht von der zugänglichen Eingangsbrücke aus.

Die letzten Kilometer der Wasserburgen-Route bieten noch einige, vor allem optische Höhepunkte. Es geht die *Oberdorfstraße* hinunter, vorbei am Berkumer Schwimmbad bis zur *Rathausstraße*, an der links abgebogen wird. Hinter der Kirche fährt man zunächst rechts die Straße *Am Bollwerk* entlang, biegt hinter dem Friedhof dann links in den *Bauernweg* ab, der bis nach Kürrighoven führt. Der kleine Ort vermittelt einen Eindruck davon, wie die Ortschaften dieser Gegend früher einmal ausgesehen haben mögen. An der ersten Kreuzung geht es rechts an einem Reiterhof vorbei hinunter ins schmale Tal, das vom Mehlemer Bach durchflossen wird. Auf der anderen Bachseite biegt man scharf links in den *Werthhovener Weg* ein und fährt ein gutes Stück bergab. Rund 100 Meter vor der Landstraße muß rechts abgebogen werden. Die in einen Schotterweg übergehende Straße *Zum Dienacker* macht zwar ein paar Kurven, verläuft aber ansonsten mit gewissem Abstand neben der Landstraße her. Nach den ersten Häusern in Niederbachem steht auf der rechten Seite ein Wegkreuz, das an einen »ehrlichen Junggesellen« erinnert. Hier geht es links

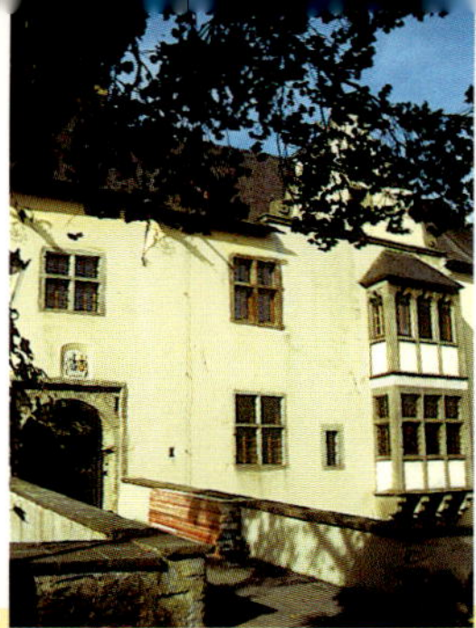

Burg Odenhausen ist die letzte Station der Wasserburgen-Route

An der Landstraße besteht für Radfahrer, die nicht an den Rhein und nach Bonn weiterfahren wollen, die Möglichkeit links in Richtung Villip abzubiegen. Zwei Kilometer weiter hat man an der Burg Gudenau den Anschluß an die Tour 1 der Wasserburgen-Route erreicht.

8

Radler beim Plauderstündchen

auf dem *Landgrabenweg* in den Ort hinein. Etwa 50 Meter vor der bereits sichtbaren Landstraße zweigt rechts die *Berliner Straße* ab.

Um einen Blick in den Steinbruch des nur einige hundert Meter entfernten Naturschutzgebiets Dächelsberg zu werfen, fahren Sie an der *Berliner Straße* vorbei, überqueren die Landstraße und biegen links in die Verlängerung der *Konrad-Adenauer-Straße*, eine Sackgasse, ein. Diese geht in einen kleinen, schließlich die Landstraße begleitenden Radweg über, bis rechts die *Dreikönigenstraße* abzweigt. Jetzt brauchen Sie sich nur noch eine Lücke im Gebüsch zu suchen, um freie Sicht auf den Kern des ehemaligen Vulkans zu haben.

> Der Dächelsberg (120 m) ist ein Naturschutzgebiet mit See und geologischem Aufschluß eines ehemaligen Vulkans. Das Betreten des einstigen Steinbruchs ist streng verboten, aber vom Rand aus kann man die Struktur des Vulkankegels mit seinem Basaltkern gut erkennen.

Vor der abschließenden Krönung der Wasserburgen-Route steht jetzt noch ein letztes, kleines Stück Arbeit an. Auf einer Länge von einem Kilometer müssen rund 70 Höhenmeter zurückgelegt werden – auf einer schönen, gewundenen, durch Wald, Plantagen und Felder führenden Straße. Oben angekommen, wird die Fahrradschieberei rasch belohnt. Der Asphaltweg geht am Ende der Steigung zunächst geradeaus in einen Schotterweg über. An der nächsten Kreuzung verläuft die Route links auf der asphaltierten *Römerstraße* weiter. Während man nun leicht bergab radelt, hat man einen phantastischen

Panoramablick auf das Siebengebirge und die Bonner Bucht mit der Godesburg. Aber es kommt noch besser: Nach einem Kilometer zweigt von einer Kreuzung rechts die *Rolandstraße* ab. Nach einem weiteren Kilometer, begleitet von Weiden und Walnußbäumen, weist in einer scharfen Linkskurve ein Schild zum Rolandsbogen. Für 250 Meter geht es nun steil bergab, anschließend ein letztes Stückchen wieder bergauf, und eine der schönsten Aussichtsterrassen am Rhein ist erreicht.

Die **Burg Rolandseck** (176 m) über dem Rhein geht auf Friedrich I., Erzbischof von Köln zurück. Der letzte Fensterbogen der Ruine aus dem Jahr 1122 stürzte am 18. Dezember 1839 ein. In der Zeit nationaler Deutschlandgefühle sorgte ein Aufruf des Dichters Ferdinand Freiligrath (1810 - ca. 1876) für eine Spendenflut – der Bogen konnte wieder aufgebaut werden. Die in die Ruinen integrierte Gaststätte besitzt eine großartige Aussichtsplattform mit Blick auf den Rhein, das Siebengebirge, die Rheininseln Grafenwerth und Nonnenwerth und auf die Ortschaft Rhöndorf, wo einst Konrad Adenauer, der erste Kanzler der Bundesrepublik, lebte und heute beerdigt ist. Rechts erkennt man Remagen; im Mai 1944 überquerten die Amerikaner auf der Remagener Brücke den Rhein. Diese brach 1945 unter dem Gewicht der amerikanischen Panzer zusammen und wurde anschließend gesprengt.

Zurück am Hinweisschild »Zum Rolandsbogen« kann man sich während der folgenden Bergabfahrt durch das ehemalige Vulkangebiet am Blick in die Köln-Bonner Bucht erfreuen. Nach rund einem Kilometer liegt linker Hand das Naturdenkmal Rodderberg, ein geologischer Vulkanaufschluß.

Vogelberg
elberg
ND Mammuteiche
AS 10 Meckenheim-Nord
Plattenkreuz
Merler Bahn
Fichte
Kaisereiche
Großer Stern
Forsthaus Schönewaldhaus
ND
Pech
Ließen
Anschluß siehe Karte 1
Anschluß siehe Karte 2
Sängerhof
Steinbüchel
Villiprott
Schnacke Eiche
Bäckerskreuz
L 158
Burg Gudenau
Villip
Basalt
Gimmersdorf
Wachtberg
AS 11 Meckenheim-Merl
Merl
Bartelskreuz
Arzdorfer
Wachtberg
Stumpeberg
Jesuitenhof
Basalt
ND Burg Odenhausen
Berkum
Rotes Kreuz
Grimmersdorfer Hof
Holzem
Villa Haus Holzem
Hohen KD (Steinbruch)
berg
Trachyt
Züllig
Theresienhof
Klein Villip
A 565
Adendorf
Gut Haus Holzem
An der Erlenmaar
Landchen
MECKENHEIM
Burg Münchhausen
Burg
Arzdorf
Basalt
Werthhoven
Kempermühle
Ton
Anschluß siehe Karte 22
Windmühlenhof
Sommersbergerhof
KD (Wasserburg)
Paulshof
A 61 E 31
Ersdorf
Fritzdorf
Auf der roten Erde
Niederich
Altendorf
Meckenheim
Eckendorf
Fritzdorfer
Karte 23
250 500 m 750 m

Rolandsbogen wie auch Rodderberg ermöglichen besonders bei gutem Wetter einen uneingeschränkten Weitblick auf das Siebengebirge mit Drachenfels, Drachenburg und Löwenburg, sowie entlang des Rheins in die Köln-Bonner Bucht bis zum Kölner Dom.

Der ehemalige **Vulkan Rodderberg** (192 m) ist der nördlichste Eifelvulkan. Er ist heute als Naturschutzgebiet ausgewiesen. Am nördlichen Kraterrand gibt es einen geologischen Aufschluß. Mitten im Krater befindet sich eine Reitschule – ein wenig erfolgreicher, aber von den Behörden des Rhein-Sieg-Kreises, des Kreises Bad Neuenahr-Ahrweiler und der Stadt Bonn akzeptierter Versuch, Naturschutz, Reitsport und auch den Anspruch auf Naherholung (beliebtes Areal für Hundebesitzer) unter einen Hut bekommen zu wollen.

Für die Weiterfahrt auf der *Vulkanstraße* zum Rhein hinunter sind nun gute Bremsen gefordert. Sie führt in Serpentinen bis zur Kreuzung an der *Hagenstraße*. Es geht noch ein Stück weiter bergab, bis nach einer Unterführung die *Mainzer Straße* an der Ampel überquert wird. Die folgende *Gunterstraße* endet am Rheinufer. Nach zwei Kilometern flußabwärts kommt man an der Rheinfähre nach Königswinter vorbei.

Hier bietet sich, für Radler, die noch Zeit und Lust haben, ein Abstecher auf die andere Rheinseite an. Nach einem Besuch von Königswinter fahren Sie am Rheinufer entlang bis nach Niederdollendorf und kehren dort via Autoschnellfähre nach Bad Godesberg zurück.

Flußabwärts geht es weiter am Ufer entlang, vorbei am Godesberger Schwimmbad und dem berühmten »Rhein-Hotel Dresen« bis zur alten Bastei. Auf der *Rheinallee* wird der Rhein verlassen, diese Straße durchs Godesberger Villenviertel endet kurz vor der Bahnunterführung. Links abgebogen, ist nach 200 Metern die Rückseite des Bad Godesberger Bahnhofs erreicht, der Endpunkt der rund 350 Kilometer langen Wasserburgen-Route!

Service

Information

Euskirchen: *s. Service Tour 2*
Rheinbach: *s. Service Tour 1*
Meckenheim: *s. Service Tour 1*
Gemeinde Wachtberg: *s. Service Tour 1*
Bonn: *s. Service Tour 1*

Burg/Schloß

14 Anlagen *max. 3 km von der Hauptroute entfernt* · **mind. 24 Anlagen** *max. 10 km von der Hauptroute entfernt*

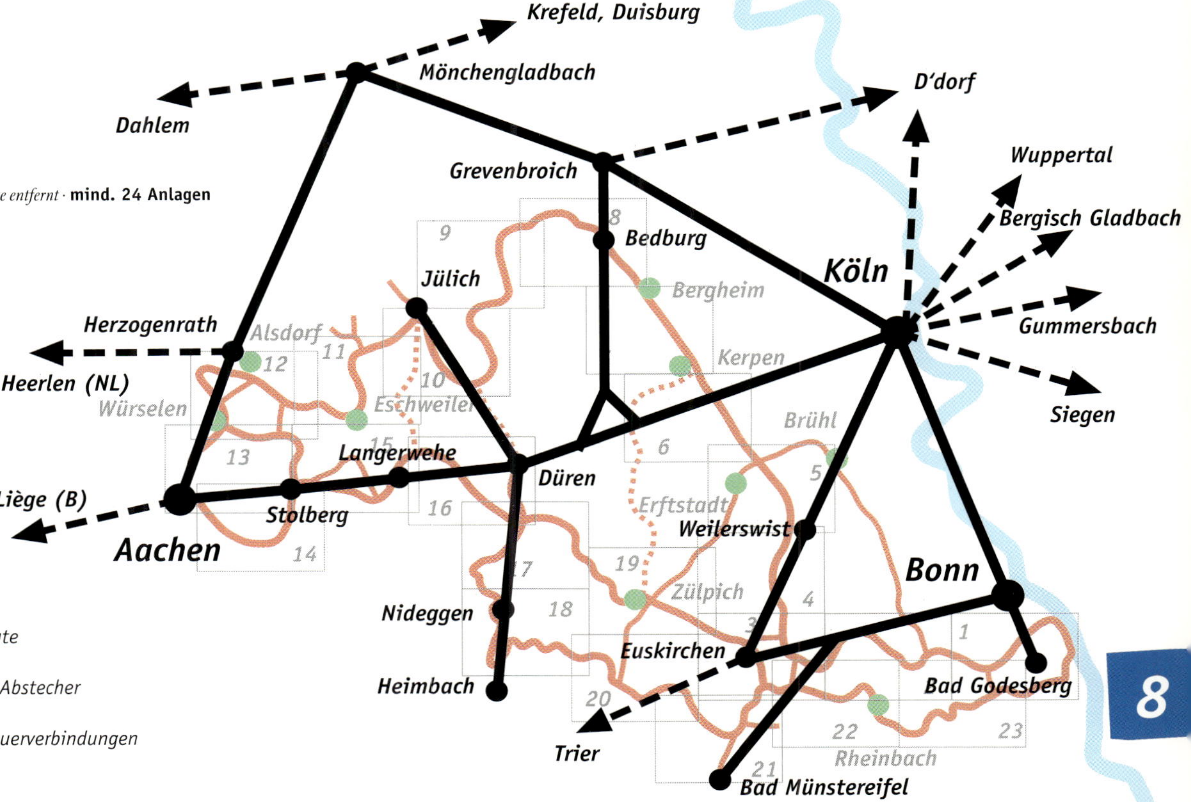

Deutsche Bahn AG

Orte

Orte mit Bahnanschluß

Wasserburgen-Hauptroute

Querverbindungen und Abstecher

nicht ausgeschilderte Querverbindungen

8

Register

Kleine Literaturliste

Dehio, G.; R. Schmitz-Ehmke (Bearbeitung): Handbuch der Deutschen Kunstdenkmäler: Nordrhein-Westfalen, Bd. I: Rheinland. München/Berlin 1984

Ducker, Wilfried Hausmann, Gisbert Knopp: Rheinlands Schlösser und Burgen. Düsseldorf 1981

Eifel-Museen 1997, Eifel-Agentur e. V.

Gondorf, Bernhard: Die Burgen der Eifel. Verlag J. P. Bachem, Köln 1984

Guthausen, Karl: Sagen und Legenden aus Eifel und Ardennen. Bd. I (1992), Bd. II (1994), Bd. III (1996), Meyer und Meyer, Aachen

Herzog, Harald: Burgen und Schlösser, Geschichte und Typologie der Adelssitze im Kreis Euskirchen. Köln 1990

Krämer, Karl Emerich: Von Burg zu Burg zwischen Köln und Aachen. Mercator-Verlag, Duisburg

Lindlohr, Stefan et al.: Burgen, Herrensitze, Höfe in der Stadt Düren. Düren 1982

Machat, Christoph (Schriftleitung); Harald Herzog, Norbert Nußbaum (Bearbeitung): Denkmaltopographie Bundesrepublik Deutschland, Denkmäler im Rheinland. Diverse Bände, Rheinland Verlag GmbH, Köln 1988

Meynen, Henriette: Wasserburgen, Schlösser und Landsitze im Erftkreis. Erftkreisveröffentlichung Nr. 162/92, Rheinland Verlag GmbH, Köln 1992

Museum Burg Frankenberg (Hg.): Burgen und Schlösser im Aachener Land. Bd. I – III, in: »Aachen im Bild«, Aachen

Bildnachweis

Umschlag vorne: Bildarchiv Burg Satzvey (links); Armin Bauer und Oliver Tripp/Treibhaus Atelier

Umschlag hinten: Armin Bauer und Oliver Tripp/Treibhaus Atelier

Inhalt: S. 6, 7, 8, 9, 11, 12, 26, 31, 34 (beide Abb.), 37, 38, 40 (unten), 53, 54, 56, 61, 62, 63, 64, 68, 71, 72, 85, 92, 106, 108, 110, 112, 115 (oben), 116, 118: Armin Bauer und Oliver Tripp/Treibhaus Atelier

Alle weiteren Abbildungen von Burgen, Schlössern, Baudenkmälern etc. wurden uns freundlicherweise von den am Projekt der »Wasserburgen-Route« beteiligten Kreisen Aachen, Düren, Erftkreis, Euskirchen und Rhein-Sieg, den Touristikunternehmen Bonn, Bad Münstereifel sowie den Burgenverwaltungen bzw. Burgenbesitzern zur Verfügung gestellt.

Die Deutsche Bibliothek - CIP-Einheitsaufnahme

Holterman, Dirk:
Die Wasserburgen-Route – Radeln in der Rheinischen Bucht / Dirk Holterman. - Köln : Wienand, 1998
ISBN 3-87909-584-1

© 1998 Wienand Verlag, Köln
Alle Rechte vorbehalten

Redaktion: Susanne Brandau

Lektorat: Wienand / Andrea Eichhorn

Gestaltungskonzept: woy für UNIKOM, Köln

Gesamtherstellung: Druck- und Verlagshaus Wienand, Köln

ISBN 3-87909-584-1

Der Autor

Dr. Dirk Holterman, 1952 in Bonn geboren, studierte Biologie und Landwirtschaft. Früh trat er dem Bund für Umwelt- und Naturschutz bei und leitete neben der Pressearbeit des Bonner Ökozentrums das Projekt »Streusalzstopp und Baumsanierung«. Der B.U.N.D. erhielt für diese Arbeit zahlreiche Preise und Auszeichnungen.

Seit 1984 ist Dirk Holterman als freier Rundfunk-Journalist vornehmlich für den WDR tätig. Neben wissenschaftlichen Veröffentlichungen sind in Zusammenarbeit mit Dr. Brigitte Klemme bisher folgende, auf dem WDR-Umweltreport basierende Bücher erschienen: »Delikatessen am Wegesrand«, 1995 und »Unkräuter zum Genießen«, 1996. Für 1998 ist der Titel »Blättersalat« in Vorbereitung, alle Bände Walter-Rau Verlag Düsseldorf. Ein weiterer Schwerpunkt des Autors liegt auf dem Reisejournalismus. Zahlreiche Rundfunkbeiträge behandelten die Eifel, den dortigen Tourismus und speziell die Wasserburgen. Diese vielseitigen Erfahrungen bringt der Anhänger der ›Freien Republik Rheinland mit Hauptstadt Prüm‹ (frei nach Jürgen Becker) in diesem Radwanderführer mit ein.

Danksagung

Der Wienand Verlag bedankt sich für die freundliche Unterstützung des Buches durch

die Rheinbraun AG, die Trienekens GmbH und den Westdeutschen Rundfunk, Köln